박물관에서 무릎을 치다

박물관에서 무릎을 치다

| 김정학 지음 |

곰곰나루

무릎을 쳤던 그 기억들을 모아서

박물관을 열심히 보러 다니다 교육박물관에 생각의 높이를 맞추게 되면서 그동안 보이지 않았던 많은 것들이 보이기 시작했다. 교육을 위한 박물관이라면 뭔가 달라야 한다는 생각이 이어졌다. '교육'이냐 '학습'이냐를 고민하게 되었고 앞으로는 다르게 보아야겠다는 맘채비도 갖추게 되었다.

이제는 많이 달라졌다. 체험학습도 '핸즈 온(Hands On)'을 넘어 '마인즈 온(Minds On)'으로 향하는 시대, 고고학(考古學)보다는 고현학(考現學)으로 역사를 바라보는 시대, 말하자면 박물관에 대한 고정관념이 빠르게 변화되는 시대가 되었다. 그리고 지역의 분야사 연구를 통해 서로 소통하고 통섭하며 새로운 것을 발견하는 현장도 마땅히 그곳의 박물관이어야 한다. 그럼으로써 역사를 통해 존재감을 깨닫고 책임감을 드러내며 정의감을 키우는 공간 또한 박물관이라는 것도 널리 알려야 한다고 믿게 되었다.

지난 10년간 한국을 비롯해 중국 · 일본 · 미국 · 캐나다 · 호주의 많은 박물관들을 돌아다녔다. 생각은 따로따로에다 마음은 콩밭에 있는 박물관들이 적지 않았다. 하늘 아래 새것은 없겠지만, 앞으로 생겨날 박물관들은 전시관 곳곳에 드러나 보이는 '표절'의 흔적을 '벤치마킹'이라 무작정 우기거나 '왜곡'과 '오류'를 '재해석'이라 애써 꾸미지 않았으면 좋겠다. 그리고 '왜 이렇게 표현했을까' 꼼꼼하게 팩트체크를 해보면서, 학교 밖, 교과서 밖의 역사도 소중하다는 걸 알게 했으면 좋겠다.

이 책으로 소개하는 36곳 박물관들은 만든 이의 의지와 지키는 이의 생각과 찾는 이의 마음이 삼합(三合)을 이루었다고 믿으며 무릎을 쳤던 곳이라 꼭 한번 방문을 권한다. '온고지신', '법고창신', '구본신참'이란 막연한 구호에만 그치지 않는 '신(新)'을 발견하게 될 거라고 믿는다.

18개월 동안 연재의 기회를 준 영남일보사에 고마움을 전한다. 뿐만 아니라 글을 읽어주며 출판을 독려해 준 여러분들에게 감사의 인사를 드리고 싶다. 박물관의 가치와 역사의 바른 독법(讀法)을 가르쳐준 분들도 많았다. 멋진 사진을 마련해 준 김선국 사진작가에게도 큰 빚을 졌다.

이 책이 '마음이 통하는 교육 콘텐츠'를 보여주고자 애쓰는 대구교육박물관의 식구들에게도 더 나은 박물관을 볼 수 있는 맑은 창이 되었으면 하는 바람을 가져본다.

2020년 5월
김 정 학

contents

심장은 뛰었지만 마음은 편안했다

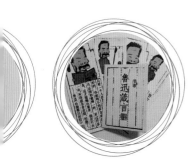

전남 순천 뿌리깊은나무박물관
중국 베이징 루쉰박물관

진심 어린 말과 글이 줄어들고 의무감 없는 무심한 메시지만 비선형(非線型)으로 흐르는 시대에 박물관을 찾아 나선 것은 '박물'의 가치가 물건이 아니라 이야기에 있다는 사실을 느끼면서부터였다. 그래서일까, 감동이 귀한 이 시대에 '가르치고 배우는 곳'이 아니라 '느끼고 침잠하는 곳'으로, 역사와 이념의 총화(總和)인 박물관이 우리에게 주는 메시지는 각별하다. 특히 지난 10년간 열심히 찾아다닌 나에게는 그랬다.

순천 '뿌리깊은나무박물관' 입구

우리 문화의 한 획을 그은 저력
전남 순천 뿌리깊은나무박물관

새벽같이 출발해서 순천으로 가는 길. 남해고속도로 순천만 IC에서 2번 국도로 나와 연동삼거리에서 민속마을길로 접어들어, 쌍지삼거리를 거쳐 17km 남짓, 뿌리깊은나무박물관을 찾아간다.

최고의 브리태니커 백과사전 세일즈맨에서 우리 토박이 문화를 애써 지키고 되살리는 파수꾼이 되었던 한창기(1936~1997) 선생의 치열한 생애가 녹아 있는 곳, 뿌리깊은나무박물관. 뿌리 깊은 인간을 찾아간다면 쉽게 이해가 될까.

그 길은 바람에 흔들리지 않는 나무, 가뭄에도 마르지 않는, 샘이 깊은 물을 만나러 가는 길이었다. 「용비어천가」의 한 대목을 떠올려 인기드라마 촬영현장이 박물관으로 변한 거라 짐작하는 사람은 차마 없었으면 좋겠다.

5년의 연구 끝에 마침내 1976년 3월 창간한 최초 한글전용 가로쓰기 잡지 『뿌리깊은나무』. 어려운 한자말이 순우리말로, 현대인에게도 잊혀진 토박이말로 다시 태어났다. 그 지면의 글들은 눈으로 보는 것을 넘어 또박또박 소리 내어 읽고 싶을 만큼 바르고도 유려했다. 이후 『뿌리깊은나무』는 한국의 잡지역사를 나누는 분수령이 되었다. 기라성 같은 필진에서부터 우리 삶의 구석구석 생각지도 못했던 글감을 찾는 기획력, 단어 하나 사진 한 장에도 심혈을 기울인 단아한 편집. 그건 감히 누구도 흉내 낼 수 없는 것이었다.

아무리 센 바람에도 결코 흔들리지 않을 것 같던 나무는 1980년 8월, 신군부

『뿌리깊은나무 판소리 전집』

에 의해 강제 폐간되고 말았다. 당사자는 물론이거니와 새로운 문화판을 배우고 그 길을 푯대삼아 가고자 했던 청춘들에게는 날벼락 같은 일이 아닐 수 없었다. 하지만 자기 목소리를 고집한 발행인 한창기는 흔들리지 않았다. 1984년 11월, 결이 비슷한 여성지 『샘이깊은물』을 창간하고 버텼다. 그는 1997년 유명을 달리했고, 『샘이깊은물』은 2001년 11월 창간 17주년 기념호를 끝으로 지금껏 휴간 상태다.

당시 펴낸 기획물 또한 우리 책의 역사에 한 획을 그었다. '전통사회의 황혼에 선 사람들'을 찾아 그 삶의 궤적을 기록한 『숨어사는 외톨박이』 전 2권, 생생한 토박이 입말로 살려낸 평범한 사람들의 삶 이야기 『민중자서전』 전 20권은 지금도 책 좀 본다는 이들의 애장서 목록 맨 앞을 차지하고 있다. 당대 최고의 인문지리지라 할 『한국의 발견』 전 11권은 당시 언론사 기자와 PD들이 늘 옆에 끼고 보던

상설전시장

책이었다. 그는 또 사라져가는 판소리 보급과 보존을 위해 '열린 판소리 감상회'를 100회 넘게 마련했고 『뿌리깊은나무 판소리전집』을 LP 23장으로 냈다. 이를 통해 우리 판소리에 대한 인식을 바꾼 지식인이 어디 한둘이랴.

이 땅에 뿌리를 둔 모든 것에 대해 지극한 사랑을 품고 전통과 문화를 선별해 다듬어가며 새로운 전통을 발명하려 애썼던 한창기. 너무나 일렀던 그의 죽음에 비해 그를 기억하는 공간의 설립은 무척 더뎠다. 순천시에 기증한 그의 분신 같은 6,500여 점의 소장품은 그의 유지를 받든 주변사람들의 노력으로 2011년 뿌리깊은나무박물관으로 되살아났다.

전시장에는 작심하고 모은 듯 하나같이 정겨운 유물들이 빼곡하다. 우리 문화를 사랑했던 마음의 끝을 알 수 없는 다양한 볼거리와 들을 거리는 박물관을 찾는 사람들에게 큰 울림을 준다. 책장마다 그의 호흡이 갈피갈피 끼워져 있고,

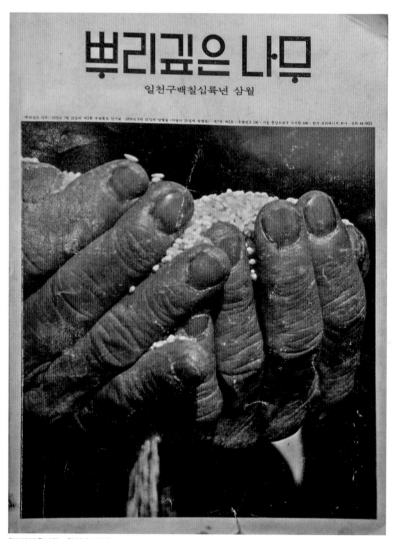

『뿌리깊은나무』 창간호 표지

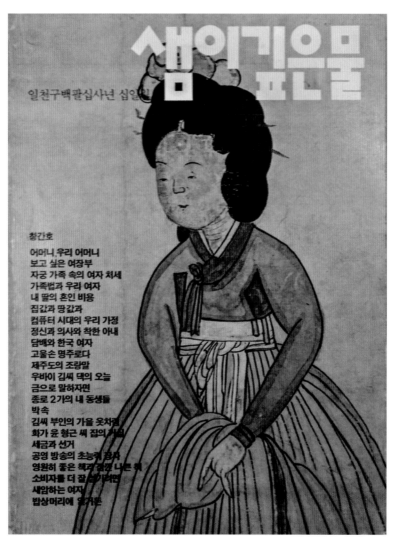

샘이기은믈
표믄믈

일천구백팔십사년 십일일

창간호

어머니, 우리 어머니
보고 싶은 여장부
자궁 가족 속의 여자 처세
가족법과 우리 여자
내 딸의 혼인 비용
집값과 땅값과
컴퓨터 시대의 우리 가정
정신과 의사와 착한 아내
담배와 한국 여자
고울손 명주로다
제주도의 조랑말
우바이 김씨 댁의 오늘
금으로 말하자면
종로 2가의 내 동생들
박속
김씨 부인의 가을 옷차림
화가 윤 형근 씨 집의 차의
세금과 선거
공영 방송의 초능력 강자
영원히 좋은 책과 점점 나쁜 책
소비자를 더 잘 섬기려면
새암하는 여자
밥상머리에 앉거든

『샘이깊은물』 창간호 표지

민중자서전

한창기 선생(1936~1997) ⓒ뿌리깊은나무박물관

배달되지 못한 『뿌리깊은나무』 폐간호

18

야외전시장

판소리 대목마다 그의 호방한 추임새가 숨어 있다. 또 전통 옹기에는 번득이는 유약의 흔적처럼 그의 애정 어린 눈빛이 가득 묻어 있다. 그가 쓴 『뿌리깊은나무』 창간사에서 그 핵심을 읽는다. - "안정을 지키면서 변화를 맞을 슬기를 주는 저력 그것은 곧 문화입니다".

어떤 교과서에도 등장하지 않고, 무엇 하나 돈 될 것 같지 않은 유물들만 모여 있는 이곳에서 저녁 무렵 수오당의 긴 그림자를 밟고 서서 "널리 알리지 않았어도 알고 찾아와야 하는 것 아닌가" 하고 우리 땅 낯선 이들에게 '가당찮은 생떼'를 써본다.

전남 순천 뿌리깊은나무박물관
www.suncheon.go.kr/tour/
tourist/0010/0002

박물관 로비의 『광인일기』 육필원고 조형물

한 인간의 생애를 빈틈없이 추억하기
중국 베이징 루쉰박물관

베이징의 판자위엔(潘家园) 새벽시장에서 루쉰의 미니어처 하나를 100위안에 샀다. 이건 득템이야! 한족 청년의 꾀죄죄한 손에서 넘겨받은 루쉰을 호텔 화장실에서 깨끗이 씻어 빛 드는 곳에 두고 기분 좋게 박물관으로 향했다.

「광인일기」·「아Q정전」의 작가 루쉰(魯迅 1881-1936)을 모르기는 쉽지 않다. 열병처럼 청춘을 앓던 사람들이 읽고 기운을 차렸던 중국 작가. 중국인들이 가장 좋아하는 작가. 그러기에 중국 어느 도시든 쑨원을 기억하는 중산대로가 있듯 루쉰이 머문 곳마다 박물관이나 공원이 있다. 그 중에서도 베이징의 루쉰박

20

물관은 과연 어떤 방식으로 루쉰을 보여줄지 궁금했다.

루쉰은 베이징에서 12년간 살았다. 그가 살던 한족 전통가옥인 사합원 양식의 옛집(魯迅故居)이 복원되어 있고, 그 곁에 루쉰박물관이 있다. 로비의 벽마다 그의 책 속에서 뽑아낸 문구들이 빼곡하고, 로비 한가운데 구겼다가 펴진 듯한 「광인일기」 육필원고를 모형으로 꾸민 석조조형물이 놓여 있다. 전시장 입구 큰 벽에는 그의 저서 『수감록』의 「생명의 길」에서 따온 "길이란 무엇인가? 그것은 바로 길이 존재하지 않는 곳에서 밟고 나온, 오직 가시덤불만 있는 곳에서 헤쳐 나온 것이다."라는 문구가 씌어져 있다.

전시실은 모두 그가 생활했던 지역별로 시기를 나누어 꾸몄다. 각 구역마다 그가 사용한 책상과 의자를 가져다 두어 분위기를 살렸다. 샤오싱(紹興) : 1881-1898, 난징(南京) : 1898-1902, 일본유학 : 1902-1909, 베이징(北京) : 1912-

1926, 샤먼(廈門) : 1926-1927, 광조우(廣州) : 1927, 상하이(上海) : 1927-1936. 느리게 가는 버스의 차창 밖 풍경처럼 그의 한 생애가 지나간다. 태어난 곳, 생각을 치열하게 벼린 곳, 그리고 되돌아온 자리. 그는 도처에 순간의 기억으로 살아있었다.

유명인의 이름을 단 기념관이 유물이나 저작, 사진자료 등을 통해 한 인물의 생애를 보여주는 방식은 다양한데, 이곳 베이징 루쉰박물관은 대단히 미니멀하면서도 모던한 방식을 취하고 있다. 주인 잃은 의자와 책상, 그를 '사상적인 스승'으로 여기는 중국의 유명 판화작가들이 그의 작품을 새긴 목판화 작품들, 그리고 그의 얼굴을 담은 데드마스크는 그가 지상에 더 이상 없음을 자꾸만 상기시켜 준다. 설명적이지 않음에도 곳곳에서 루쉰이 내게 말을 걸어오고 얘기를 들려준다.

책상과 의자로 루쉰의 생애를 표현한 전시장

전시장 입구 큰 벽에 적힌 「생명의 길」(『수감록』)의 한 대목

루쉰 배지

루신 캐릭터가 있는 북마크

판자위엔(潘家園)에서 구입한 루쉰 피규어

세계 각국에서 번역 출판된 그의 작품들이 빼곡하게 꽂혀 있는 전시장 서가. 한국 출판물은 눈에 띄지 않았다. 중국이나 일본보다 한국이 루쉰의 의미를 제대로 발견하고 있다는 평가가 있는데 이런 사실이 안타깝다고 나는 여러 사람들에게 오랫동안 투덜거렸다. 최근 이를 알게 된 북경의 한국문화원 원장이 서둘러 챙겨 기증했다는 소식이 들려왔다. 한국의 청년들이 루쉰을 기억하고 있음을 분명히 알게 만든 고마운 일이 아닐 수 없다.

한국에서 루쉰의 작품은 오랫동안 읽혀졌고, 지금도 인터넷서점 검색창에 '루쉰'이라 치면 300여 종의 책이 솟구쳐오른다. 게다가 국내 중문학자들이 2018년, 11년에 걸쳐 중국판 루쉰 전집을 완역해 총 5만 3,000쪽이 넘는 20권 전집으로 발간한 것은 시사하는 바가 대단히 크다. 발간사는 이렇게 적고 있다. "루쉰을 읽는다. 이 말에는 단순한 독서를 넘어서는 실존적 울림이 담겨 있다."

데드마스크, 시신의 관을 덮었던 '민족혼'이라는 글씨가 적힌 명정(銘旌), 그리고 『아Q정전』의 판화집을 끝으로 전시는 끝난다. 몇 년 전부터 이곳이 북경신문화운동기념관과 병합 운영되고 있다는 이야기를 들었다. 신문화운동의 전설격인 그를 생각하면 관람의 시너지효과는 더 커지리라 생각한다.

중국 베이징 루쉰박물관
www.luxunmuseum.com.cn

루쉰 작품의 제목을 새겨 놓은 로비 벽면

당당한 것은 그들의 도도한 시간

박물관이 지나간 과거를 모두 증명한다는 것은 쉬운 일이 아니다. 하지만, 그들과 작은 전시장 속에서 길지 않은 시간을 거니는 동안, '과거 없이는 우리는 미래를 판단할 방법이 없다'는 그들의 울림에 나는 무릎을 쳤다. 아무리 멱살 잡혀도 당당한 것은 도도한 시간이었음을 한창기와 루쉰의 지나간 시간들이 내게 말해주고 있었다.

무슨 이유였을까. 외우고 애써 느끼고 뭔가를 배워야 한다는 강박관념 없이 물 흐르듯 그들을 만나고 나니, 심장은 뛰었지만 마음은 편안했다. 한 사람을 기억나게 하는 박물관은 그가 완전히 사라졌음을 확인시켜 주는 현장인지, 그가 아직 살아있는 듯 느끼게 하는 현장인지는 나는 아직 알 수 없다.

전통문화 사랑으로 단짝을 이루다

수오당(羞烏堂)

김무규 명인의 생가 '수오당'

뿌리깊은나무박물관 야외전시장에는 단소와 거문고명인 백경 김
무규(1908-1994) 선생의 고택 수오당(羞烏堂)과 부속건물 여덟 채
가 있다. 모두 선생의 고향인 전남 구례 절골마을에 있던 생가 건
물을 옮긴 것이다. 수오당은 한낱 미물인 까마귀의 효행을 보고
'까마귀 보기에도 부끄럽다'는 의미의 당호다.

1980년 한창기는 이 고택을 보고 한순간에 매료되었는데 그로부
터 26년 후인 2006년 뿌리깊은나무재단에서 매입해 이곳으로 이
건했다. 사랑채 누마루는 영화 〈서편제〉에서 백결 선생의 거문고
연주 촬영지로 제공되기도 했다. 이 수오당의 누마루와 맞은편의
뿌리깊은나무 전시관은 두 사람의 전통문화사랑으로 오래 전부터
한 몸이었던 듯 조화를 이루며 방문자들을 맞고 있다.

세상일을 기억해내는 그 시간과 공간

미국 워싱턴D.C. 뉴지엄
미국 구술프로젝트 '스토리코어'

지금 일어나는 일을 '기록'하는 것, 기록된 경험을 잘 '보존'하는 것, 그리고 기록을 통해 '재현'하는 것이 역사다. 우리는 종종 기록과 보존은 무심히 두고 재현에만 관심을 기울인다. 이것은 역사에 대한 오해를 낳을 수 있다. 박물관에서 '역사를 만난다'는 것은 사실을 기초로 해석을 해본다는 의미와 다르지 않을 것이다. 사실이 없으면 해석 자체가 없겠지만, 사실을 부정하면 결코 단순하지 않은 역사의 진실 또한 쉽게 드러나지 않을 것이다.

2008년 11월 워싱턴D.C.에서 개관한 뉴지엄 ⓒnewseum홈페이지

잊혀진 시간을 모두 되찾아주는 곳
미국 워싱턴D.C. 뉴지엄

1997년 미국 워싱턴D.C.의 서쪽, 버지니아 알링턴에 세워져 5년 동안 225만 명의 관람객을 맞이했던 언론박물관 '뉴지엄(newseum)'이 2002년 많은 이들의 아쉬움 속에 폐관했다. 그로부터 6년이 지난 2008년 11월 비영리 언론단체 '프리덤포럼'이 워싱턴D.C. 한복판, 백악관과 국회의사당을 양편에 둔 위치에 다시 문을 열었다. 뉴지엄은 뉴스(News)와 박물관(Museum)의 합성어다. 워싱턴D.C의 이 새로운 뉴지엄은 이후 뉴스를 전하는 대중매체의 역사와 중요성을 널리 알리는 언론박물관의 대명사가 되고 있다.

뉴지엄 6층에 있는 '프론트 페이지 갤러리'. 전 세계 80여 일간지의 1면이 매일 게시된다.

박물관 건물 입구 흰 대리석 벽에는 언론과 종교 등 인간의 다섯 가지 기본적 자유를 보장하는 미국 수정헌법 제1조 전문이 크게 새겨져 있다. 그 의미가 어찌 미국인들에게만 통하는 것이랴. 뉴지엄은 세상을 바로 세우려는 언론인들에게 경의를 표하는 동시에 많은 이들에게 정보와 즐거움을 제공하려는 본래의 목적도 있겠지만, 전 세계 모든 사람들에게 '자유'의 중요성을 일깨우기 위해 세워졌다고 할 수 있다.

지하 1층 '오리엔테이션 극장'에서 '뉴스란 무엇인가'라는 영상물 감상으로 시작하는 박물관 투어는 '베를린 장벽 갤러리'에서 무너진 베를린 장벽의 실물을 보고 바로 꼭대기 층인 6층부터 오르게 된다. 6층 '펜실베니아 애비뉴 테라스' 앞에는 전 세계 유명 일간지들의 1면이 전시되는 '프론트 페이지 갤러리'가 있다. 세계 80개 일간지에서 매일 PDF파일을 전송 받아 이 갤러리와 여러 곳의

9 · 11테러에 대한 안타까운 메시지를 영상으로 보여주고 있다.

키오스크를 통해 그 메인 뉴스들을 보여주는 곳이다. 한참 동안 헤드라인을 보며, 참으로 다사다난한 지구촌의 오늘을 느낀다. 한국신문으로는 「중앙일보」와 「동아일보」가 보인다.

5층은 지난 반세기 동안의 언론사를 자세하게 소개하고 있는 '뉴스의 역사' 전시실. 4층은 9 · 11테러 대참사를 알린 전 세계 127개국 신문의 1면 톱으로 꾸민 '9/11갤러리'. TV·라디오·인터넷 등의 다양한 매체를 통해 전달되는 뉴스를 소개하는 전시관은 3층에 있다. 전시관 오른쪽은 취재 현장에서 숨진 언론인들을 기리는 추모의 벽이다. 혁명이 그러하듯 자유 또한 희생 없이 쉽게 얻을 수 있는 것이 아님이 가슴 저릿하게 다가온다. 거대한 반투명 유리에는 1837

'베를린 장벽 갤러리'. 약 3.6미터 높이의 콘크리트장벽 8개가 전시되고 있다.

년부터 진실보도를 위해 희생된 언론인 1,900명의 이름이 그들의 국적과 함께 새겨져 있다. 현장을 생생하게 담아내고 진실을 전달하고자 했던 그들의 노력과 열정에 누구나 숙연해지는 공간이다. 2층에는 뉴지엄 관람의 하이라이트 중의 하나인 'NBC 뉴스 체험관'이 있다. 이곳에서는 누구나 실제 방송 기자나 카메라 기자의 역할을 직접 해봄으로써 뉴스 보도를 생생하게 체험할 수 있다. 1층에는 실감나는 보도사진 68점이 시대별로 전시되어 있는 '퓰리처상 수상 사진전'이 마련되어 있다.

흥미로운 시간의 터널을 3시간 넘게 누볐다. 뉴지엄의 전시실은 다른 박물관과 달리 시끄럽기 그지없다. 지금 동시대를 살아가는 인간 군상의 다양한 모습을 보며 관람객들은 누가 먼저랄 것도 없이 낯선 옆사람과도 자연스럽게 이야기를 나누게 된다. '자유와 민주주의'라는 단어가 여기만큼 생생하게 다가오는

보도사진이 연도별로 전시된 '뉴스의 역사' 전시실

세계 각국의 언론자유 지수를 표시한 지도

『타임』지는 2019년 뉴지엄을 '세계에서 가장 위대한 곳' 중 하나로 선정했다.

취재현장에서 숨진 언론인 1,900명을 기리는 '추모의 벽'

가장 인기를 끄는 NBC 뉴스 체험관

공간이 또 있을까.

1999년 뉴지엄을 찾았을 때는 방문객이 태어난 날 발행된 시카고의 대표 일간지 「시카고 트리뷴」 1면을 프린팅 액자에 끼운 것을 판매하는 코너가 흥미를 끌었다. 이제 스마트폰 시대라 그런 재미는 없어졌다. 어디를 봐도 놀랄 만큼 임팩트 있는 색감을 보여주는 전시기법, 그중에서도 각 나라의 언론자유 지표를 컬러풀하게 표현한 지도가 눈길을 끈다. 설마! 대한민국의 언론자유 지수는 아직 100%가 아니라고 표시되고 있었다.

＊뉴지엄은 2019년 말부터 문은 닫은 상태다.

미국 워싱턴D.C. 뉴지엄
www.newseum.org

'스토리코어'를 창립한 전직 라디오PD 데이브 아이세이 ⓒstorycorps

모든 사람은 세상에 들려줄 이야기가 있다
미국 구술프로젝트 '스토리코어'

'움직이는 박물관'이라고 해야 할지, '오럴 뮤지엄(Oral Museum)'이라고 해야 할지 아직도 망설여지는 곳. '이야기 군단(軍團)'쯤으로 번역될 '스토리코어(StoryCorps)'라는 독특한 이름은 '구술기록'을 모은 것으로 박물관을 기능을 하고 있다. '보통 사람들의 역사가 모여 있는 곳'이라 하면 좀 더 적당한 표현일 수 있을까.

이러한 구술기록 프로젝트를 창안한 사람은 전직 라디오 프로듀스인 데이브 아이세이(Dave Isay)다. '어떤 사람이든 저마다 들려주고 싶은 이야기가 있다'는

생각이 이 프로젝트의 시작이었다. '역사'와 '이야기'의 어원은 모두 라틴어 '히스토리아'로 모인다. '역사=이야기'라는 의미다. 역사에 그냥 지나간 시기가 없듯이, 인생에도 그냥 지나친 시간은 없었을 것이다. 데이브 아이세이는 2003년 뉴욕에서도 가장 번잡한 그랜드센터럴 역 앞에 조그만 녹음부스를 마련하고 지나가는 가족이나 연인, 친구끼리 40분 동안 진솔하게 대화를 나누게 했다. 그들 보통사람들의 대화, 그것이 예상을 훨씬 뛰어넘는 반향을 몰고 왔다.

2005년부터는 대포알같이 생긴 중고버스를 개조한 이동 부스를 몰고 미국 전역에서 보통사람들의 대화 목소리를 직접 담았다. 스토리코어가 온다는 소식을 들으면 그 도시의 부모·형제·친구·사제 들의 녹음 신청이 쇄도했다. 그들은 그간 차마 말하지 못했던 '미안하고, 고맙고, 자랑스럽고, 사랑하고, 용서한다'는 메시지를 작은 녹음부스 안에서 서로 나누었다. 그들의 대화는 화려한 무용

2005년부터 미국을 누빈 '스토리코어'의 이동 부스와 그 내부의 작은 녹음실

담이나 연극 같은 인생체험기가 아니라 평범한 사람들이 자기 목소리로 들려주는 진정한 삶의 모습이었다. 이 기록들은 책으로 출판되어 베스트셀러가 되었다. 또 이 경이로운 프로젝트의 대화들은 공영 라디오 NPR을 통해 전국에 방송되고, 미국 의회도서관에도 보관된다. 이민사회·다문화사회 등 복잡한 미

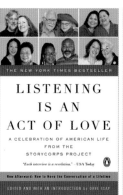

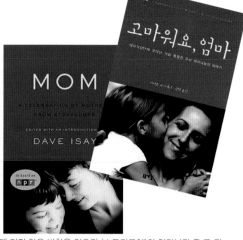

국내에도 번역돼 적지 않은 반향을 일으킨 '스토리코어'의 인터뷰집 중 두 권

국사회를 통합하는 소중한 지혜를 얻었다는 논평이 이어졌다.

이 프로젝트로 2015년 테드 프라이즈(TED Prize)를 수상한 데이브 아이세이는 "보통 사람들의 인터뷰가 역사의 한 기록으로 남을 수 있도록 도와달라"고 소감을 밝혔다. '스토리코어의 미래'를 물으니 '인간의 지혜를 모으는 더 큰 디지털 보관소가 되는 것'이라는 답이 돌아왔다. '이야기로 모아진 데이터가 지혜가 된다'는 그의 생각이 놀랍다. 이런 작업이 관 주도도 아니고 방송사 프로그램의 부산물도 아니라는 점에서 더욱 값어치가 높다.

TV와 신문의 감동적인 다큐멘터리와 특집기사를 우리는 오래 기억하고 고마워한다. 하지만 더 많은 따뜻한 이야기, 더 깊은 슬픔을 길어올리는 장치와 노력이 필요하다. 그 모든 것을 언론사에 기대할 수는 없는 노릇 아닌가. 좋은 화

2018년 10월 열린 '스토리코어' 창립 15주년 기념식 ©storycorps

'스토리코어'에 구술을 남긴 한국인인 재미작가 최숙렬씨(오른쪽)도 참석했다. ©storycorps

2015년 '테드 프라이즈(Ted Prize)'를 수상한 데이브 아이세이 ⓒstorycorps

질로 담아야 한다는 과욕도 버리고, 언론사만 나서야 한다는 편견도 버리고, 예산이 넉넉해야 할 수 있다는 의타심도 버려야 한다. 이 모든 것이 나에게는 큰 울림이었다. 역사의 주인공들이 아무 것도 남기지 못하고 너무도 쉽게 쓸려 가 버린다. '세상은 오히려 자신을 잊으라 했다'는 설움을 안고 사라지는 주인공들도 만나야 한다.

미국 구술프로젝트 '스토리코어'
www.storycorps.org

StoryCorps: Road to Resilience

Using the power of storytelling to help children
cope with loss and preserve memories

사회적 약자를 위한 '스토리코어'의 사회공헌활동 안내 광고 ⓒstorycorps

Listen. Honor. Share.
STORYCORPS

리브랜딩된 로고와 슬로건 ⓒstorycorps

잊지 않고 만나게 될 믿음을 녹여내며

안타까운 지난 시간을 되돌아보기란 힘들기 그지없다. 하지만 시간의 갈피마
다 묻어 있는 사람들의 결기를 느끼게 해주는 박물관들이 있다. 그리 멀지 않
은 그들의 시간 또한 대단한 역사였음을 뉴지엄과 스토리코어는 말해주고 있
었다. 그곳에서 나는 진실을 잊어버리지 않는 것, 설사 미뤄지더라도 끝내 다시
만나게 될 믿음이 있다는 것, 그 시작과 끝을 보았다. 역사가 지은 인간 사이의
불화(不和)를 이처럼 잘 녹여낸 곳은 그 어디에도 없을 듯싶다.

나는 살아있으므로… '고맙고, 미안하고, 사랑하고, 용서한다'
'스토리코어'는 '나'의 '존재확인'에서 시작되었다

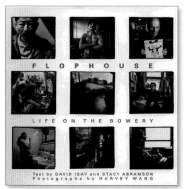

2000년에 나온 『플롭하우스(Flophouse)』 표지

2000년 8월, 데이브 아이세이는 뉴욕 맨해튼에서 사진가 하비 왕과 함께 뉴욕의 밑바닥 인생에 관한 책 『플롭하우스(Flophouse)』를 냈다. 그 책의 초판본을 들고 다시 이야기의 주인공들을 찾아가 그들이 소개된 페이지를 보여주자, 조용히 그것을 바라보며 서 있던 한 사람이 갑자기 데이브의 손에서 책을 빼앗아 쥐고, 빈민굴 같은 좁고 긴 복도를 달리면서 외쳤다. "나는 살아있어! 존재하고 있다구!" '나는 존재한다(I exist)'는 문구가 이때부터 스토리코어의 메시지이자 슬로건이 된다. 이즈음은 여기에 '경청하고, 존경하고, 공유한다'라는 말도 함께 쓰이고 있다.

데이브 아이세이는 2003년 뉴욕 그랜드센트럴터미널에 녹음 부스를 설치하고 사람들의 이야기를 처음 녹취했다. "사람들이 자기만의 이야기로 자신에게 의미 있는 사람들에게 존경을 표할 수 있는 조용한 장소를 만들겠다"는 취지에서였다. 그때부터 스토리코어는 인류 역사상 가장 많은 사람들의 목소리를 모은 단 하나의 컬렉션이 되었다.

소중하지만 무심했던 것들의 재발견

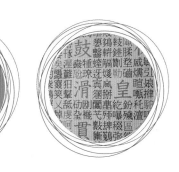

경북 문경 옛길박물관

일본 교토 한자박물관

역사공부의 가장 큰 덕목은 그것이 우리가 의미 있는 삶을 살아가는 데 큰 도움을 준다는 사실. 옛것에 미루어 새로움을 발견하고 옛것을 본받아 새로움을 만들어 가는 삶을 생각하면 역사를 바탕으로 만들어진 박물관은 참으로 귀한 공간이 아닐 수 없다. 그러나 '한데 모아서 보여주는 것'에 그치지 않고 '관람객이 경험하는 것'에 더 큰 비중이 실리는 시대가 되었다. 박물관의 가치를 결정하는 것은 규모의 장대함보다는 콘텐츠를 통한 체험과 감동의 크기라 해도 좋을 것이다. 이제 전시의 성공 여부는 역사를 반추하는 아이디어를 어떻게 발휘하느냐에 달려 있다.

옛길박물관 전경

인문학의 새로운 길을 만든다
경북 문경 옛길박물관

길이 있는 곳에 사람이 있었고, 사람이 사는 곳에는 길이 있다. 옛길을 걷다 보
면 사람은 길을 걸으면서 길들여진다는 것을 깨닫게 된다. 사람이 다니라고 만
든 길은 몸만 옮겨놓지 않는다. 몸이 가는 대로 마음이 간다. 이 행로(行路)는
눈에 보이지 않을 수도 있다. 역사에 대한 궁금증도 우리 삶에 대한 질문에서
출발하지 않는가. '우리의 삶은 어디로 가고 있는가.'
'길 위의 역사, 고개의 문화'를 담겠다는 문경의 옛길박물관은 '옛길'을 주제로
한 국내 유일의 박물관이다. "새재를 넘어가면 새 세상이 보이는데"라고 노래

로비에 들어서면 대동여지도를 딛고 고산자 김정호를 생각하게 된다.

했던 바로 그 땅, 우리나라 문화지리의 보고라고 할 수 있는 문경새재 입구에
자리한 옛길박물관은 옛길 위에서 펼쳐졌던 여러 가지 문화를 담고 있다. 문경
새재는 조선시대 간선도로 중에서도 가장 통행량이 많은 영남대로의 허브라고
할 수 있는 곳이다. 옛 사람들은 여행을 하면서 무엇을 생각했으며, 그 괴나리
봇짐 속에는 과연 무엇이 있었을까? 이런 사소한 질문에 대한 답에서부터 옛길
에 대한 기록과 유물까지 많은 것을 만날 수 있다.

입구에 들어서면서부터 대동여지도 위에 서서 고산자 김정호가 길에 대해 품
은 생각을 안고 찬찬히 '옛길'을 걸을 수 있도록 꾸며놓았다. 여기 오기 전 국
립중앙박물관 특별전 '지도예찬 – 조선지도 500년, 공간·시간·인간의 이야
기'(2018.8.14.~10.28)를 미리 관람한 것이 행운이었다. '길'에 관한 다양한 이
야기들이 펼쳐진 전시실 중간쯤 걸린 초정 권창륜 선생의 '영남대로' 휘호 앞에

전시실 바닥에 그려진 영남대로를 딛고 서면 문경새재를 알 수 있는 독특한 느낌의 전시공간

옛길에 대한 기록과 유물을 한눈에 보여주는 상설전시실

서는 다리에 불끈 솟는 힘이 느껴진다. 과거길로 유명한 문경새재를 조망하면
서 선인들이 옛길 위에서 얻은 각종 여행기와 풍속화, 중요민속자료 제254호
인 문경 평산 신씨 묘 출토 복식과 같은 문경의 문화유산도 함께 볼 수 있다. 그
뿐 아니다. 길을 생각하면 누구나 노래를 떠올린다는 점에 착안, 우리의 무형유
산인 아리랑의 다양한 노랫말을 서예가의 작품으로 만들어 모아둔 것도 큰 볼
거리다.

향토사 중심의 문경새재박물관이 2009년 옛길박물관으로 다시 문을 연 것은
정말 잘한 일이다. 옛길 위에서 펼쳐졌던 여러 가지 이야기를 한데 모으려 한
시도는 기발했다. 역사에다 문화를 가둘 수 있는 엄청난 가능성의 박물관으로
변신한 것이다. 산티아고 순례길에서 착안, 2007년 9월 첫 코스를 연 제주 올
레는 전국 각 지역에 '길 만들기' 선풍을 일으켰다. 몰래길·둘레길·물소리길·

길과 가장 잘 어울리는 우리 노래 '아리랑' 활용한 병풍과 다양한 소품들

서예 작품으로 만나는 아리랑의 다양한 노랫말 1만 수

한국의 옛길 24개를 뽑아 멋진 풍경을 소개하고 있다.

초청 권창륜 선생이 쓴 '영남대로'. 문경새재 입구 상징문의 현판 원본 글씨로 대가의 힘이 넘친다.

예던길·외씨버선길 등이 이어졌다. 일본에도 '길' 콘텐츠를 수출하기에 이르렀다. 올레는 '큰 길과 집을 연결하는 짧은 골목'을 가리키는 제주방언. '집으로 이어지는 길'이라는 따뜻한 콘셉트가 빛을 발한 것이다. 제주와 문경의 '길'을 향한 다양한 시도는 튼실하게 그 빛을 보고 있는 중이라 할 수 있다.

생명이 있는 것은 모두 길 위의 인생을 살고 있다 해도 지나친 말은 아니다. 배워서 걷는 것이 길이 아니라 걸으면서 배우는 것이 길이다. 이제, 옛길박물관이 역사 속의 길을 재현해 보았으면 한다. 사람의 길, 역사의 길. 신라스님들이 천

축국으로 떠난 길, 독립운동가들이 북만주로 떠난 길 등도 모두 찾아 옛길박물관에서 만나게 하면 좋겠다. 박학독행(博學篤行)의 길을 나선 선현들의 행로를 가르쳐주는 곳, 가지 않은 길로 역사를 바꿔놓은 위인들이 나선 불기(不羈)의 길도 만천하에 알리는 곳이 되었으면 좋겠다.

옛길박물관이 이제 인문학의 새로운 길을 만들어나갈 거라고 믿는다. 한국인에게 길은 명백하게 형이상학적이므로. 물길·바람길·하늘길에다 출세길·인생길도 찬찬히 볼 수 있는 그런 박물관이 되었으면 좋겠다.

경북 문경 옛길박물관
oldroad.gbmg.go.kr

교토 기온(祇園) 입구에 있는 한자박물관

한자문화의 넓은 스펙트럼을 실감하다
일본 교토 한자박물관

백제로부터 한자를 전수받은 일본이 2016년 교토(京都)에 세계 처음으로 한자박물관을 개관했다. 교토 관광의 정점이라는 기온(祇園) 입구에 지상 2층으로 세운 건물이다. 1층은 4세기 백제 왕인(王仁) 박사의 한자 전수에서 이어진 한자의 역사를 다양한 유물과 그림 등으로 소개하고 있었다. 늘 뉴스의 중심에 있는 '올해의 한자'도 볼 수 있었다. 2층은 부모와 자녀들이 다양한 게임이나 '갑골문자'를 활용한 디지털 프로그램을 통해 한자와 친숙해지면서 배울 수 있는 놀이공간으로 관광객들에게 큰 인기를 끌고 있다.

자신의 몸을 이용해 한자의 획수로 활용, 한자를 만들어 보는 '한자체험'

자칫 어렵고 고리타분하게 느껴질 수 있는 한자라는 콘텐츠와 최첨단 IT가 만나서 펼쳐 보이는 프로그램은 아이들뿐 아니라 어른들에게도 연신 감탄사를 연발하며 한자놀이의 세계에 빠지게 만든다. 한자말 물고기를 낚으면 초밥이 달려 올라온다. 방문객들이 자기 몸을 이용해 한자를 만들어볼 수도 있다. 애니메이션으로 상형문자인 한자의 원리를 터득할 수도 있다. 어느새 한자공부는 재미있는 놀이가 된다. 기발한 기획전도 감탄할 만하다. 교육한자·상용한자로 만든 벽지 디자인도 아름다웠다. 조금이라도 한자교육을 받은 사람이라면 전혀 낯설지 않을 것이다.

1층에 한중일 세 나라의 문화계를 대표하는 '한중일 30인회'가 제정한 '공용한자 808자'를 알려주는 구역이 있다. 이 808자는 세 나라의 일상에서 가장 자주 접하는 기본 한자들이다. 이러한 공용한자 제정은 한국이 처음 제기해 먼저

길이 30m 벽면에 정리한 '한자의 역사'

500자를 선정했고, 일본에서 이를 800자로 늘렸다. 중국에서 여기에 29자를 더 넣고, 덜 쓰이는 21자를 빼면서 808자가 되었다. 이러한 내용과 함께 '문화의 축이 서구에서 아시아로 옮겨지고 있는 이때에 한중일 공동상용한자를 제정함으로써 새로운 아시아 시대에 대비해야 한다'는 언론보도도 전시되어 있었다.

중국의 중국의 간화자(簡化字)나 일본의 약자(略字)보다 정자(正字)를 쓰는 우리가 한자권의 종주국이라고 해도 지나친 말은 아니다. 오늘날 지구상의 약 10억 정도가 고대 그리스·로마의 지적 전통을 물려받은 사람들이라면, 그보다 훨씬 많은 20억 정도는 고대 중국의 지적 전통을 물려받았다고 볼 수 있다. 희랍어·라틴어의 전통과 한자의 전통이 각각 서로 다른 철학과 문명, 사고방식을 가져왔다는 주장이다. 오늘날 한국인에게 한자란 이렇게 중요한 것이다.

『대한화사전』에 수록된 한자 5만 자를 난이도에 따라 글자의 크기와 색을 다르게 표현한 벽지

한자의 원형을 알려주는 체험형 전시물 '춤추는 갑골문자'

전시장을 지나면서, 우리도 '우리말 한자'만이라도 가르쳤으면 좋겠다는 생각이 들었다. 그래야 한글·영어·한자가 혼재된 혼란스러움을 극복하는 방법을 찾고, 우리말과 결합된 한자의 바른 사용법도 가르치고, 일본어투 한자를 잘못 사용하는 사례를 고칠 수 있게 될 것이다. 박물관에 전시된 책이나 유물의 이름이나 문화재 답사길에서 보는 전각이나 편액의 뜻도 알아야 할 것이다. 한자어

회전초밥을 먹으면서 초밥의 재료가 된 생선 관련 한자퀴즈를 풀 수 있는 게임

를 한자로 쓰지 않고 한글로 쓰면 그 의미는 사라지고 소리만 남게 된다. 학교에서는 한자를 배우지 않아서 입시에 필요한 고전은 달달 외우면서 생활한자는 모르는 세태가 안타깝기 그지없다. 우리말을 지키려면 한자도 지켜야 한다는 고집을 부리고 싶다. 한자는 중국의 문자인 동시에 동아시아의 문자다. 옛 중국에서 생겨났지만 한국과 일본에서 나름의 독특한 문자문화를 이루었다. 이렇듯 한자문화의 스펙트럼은 생각보다 넓다. 그런 의미에서 이 한자박물관의 가치는 엄청나지 않은가.

일본 교토 한자박물관
www.kanjimuseum.kyoto

고기 어(魚)변 한자로 가득한 그릇

'오래된 미래'의 참된 가치를 믿으며

오늘 두 박물관 앞에서 '오래된 미래'를 느끼고 있다. 옛것을 오늘에 이어 그 가치를 재산으로 삼는 일은 아무리 강조해도 지나치지 않다. 가슴 깊은 데서 '온고지신', '법고창신' 이런 열쇳말이 꿈틀댄다.

한자에서 피어난 어학교육의 백년대계
정약용과 지석영의 어학교재

송촌 지석영이 1908년에 펴낸
『아학편(兒學編)』 본문

다산 정약용(1762-1836) 선생
은 실학을 집대성한 훌륭한 학
자다. 그는 200년 전에 천자문
의 결함을 지적하고 "한자공부
는 형상이나 뜻 또는 주제별로
분류해서 익혀야 지혜의 구멍이
크게 열린다"면서 당시에 자주
쓰던 한자 2,000자를 묶어 아동
용 한자교과서 『아학편훈의(兒
學編訓義)』(1804)을 발간했다.

그로부터 100년이 지난 1908년, 종두법 시행의 주역으로 잘 알려
진 송촌 지석영(1855-1935) 선생이 여기에 영어 발음·철자의 표
기 등을 보태 한자공부를 하면서 중국어·일본어·영어 교재로 함
께 쓸 수 있는 새로운 『아학편(兒學編)』을 냈다. 한자와 그 우리말
발음을 가운데 적고 왼쪽에 일본어, 오른쪽에 중국어 발음을 적고,
아래쪽에 영어를 그 발음과 함께 기재한 형식으로 책 한 권으로 4
개 언어를 동시에 알게끔 구성한 것이다.

최근 이 『아학편』을 살린 『조선시대 영어교재 아학편』이 출간되었
다. 편찬자이자 저자인 지석영 선생의 서문으로 110년 전의 애민
과 실용의 정신을 느낄 수 있다.

아날로그에서는 나무향기가 난다

일본 도쿄 도쿄장난감박물관
미국 LA 스커볼문화센터 '노아의 방주'

어느 사이 유행이 변하고 콘셉트가 바뀐다는 말이 실감나는 곳이 많은데, 박물관도 예외는 아니다. 그런데 이 변화는 순간의 충격으로 가능한 것이 아니라 오랜 시간의 켜를 쌓으며 이루어지고 있다. '눈으로 보는(Eyes On) 박물관'에서 '체험하는(Hands On) 박물관'으로, 그리고 '이해하는(Minds On) 박물관'에서 '느끼는(Feels On) 박물관'으로. 지금 세계는 '마인즈 온' 박물관이 대세이다. 박물관은 '대중교육시대'의 주요 공간으로 자리해 가고 있다. 우리가 많은 곳에서 역기능을 경험했듯이, 우리의 박물관들은 별 준비 없이, 아무도 그 얼굴을 모르는 4차 산업혁명을 만나러 가는 것은 아닐까. 너무 지름길만 찾아서 빨리 달려가는 건 아닐까.

도쿄장난감박물관

보고 만들고 노는 데 충실해지는 곳
일본 도쿄 도쿄장난감박물관

이곳은 많은 사람이 한마음으로 만든 박물관이다. 폐교를 활용했다는 점, 자연 친화적이라는 점, 봉사자들이 운영의 중심이 된다는 점이 반가워 달려간 곳이다. 그런데 자세히 들여다볼수록 우리의 방식과는 아주 달랐다. 도쿄장난감박물관은 비영리활동법인 일본굿토이위원회(예술놀이창조협회)가 폐교된 신주쿠의 요츠야 제4초등학교를 리모델링해 1984년 개관했다. 개관할 때 '한구좌 관장'이라는 모금 프로그램을 통해 기부자들을 명예관장으로 모셨다. 여기에 자원봉사자들의 금쪽같은 시간들이 쌓였다. '세계의 장난감과 친구가 되자'는

슬로건으로 '보고, 만들고, 논다'는 세 가지 기능에 집중했다.

교실에는 전 세계에서 수집한 수만 점의 장난감들이 펼쳐져 있다. 가라쿠리, 즉 전통 자동인형들도 빠지지 않는다. 마음을 치유하는 나무장난감도 있고, 망가진 장난감을 고치는 '장난감병원'도 구성돼 있다. 아이들은 실험실에서, 전시실과 테마 공간에서 기발한 장난감들과 시간 가는 줄 모르고 신나게 '논다'. 장난감을 만들어볼 수 있는 공방도 있다. 대표적인 '핸즈 온' 박물관이 된 것은 말할 것도 없다. 어릴 적 누구나 한 번은 꿈꿔봤을 신기한 장난감들로 가득 차 있는 아이들의 천국은 어른들에게는 잃어버린 동심의 세상을 되돌려주기도 한다. 가족 단위 방문객들이 20% 이상의 재방문율을 기록하는 건 그 때문일 것이다.

이 박물관의 가장 큰 자랑은 '나무놀이터'라는 점이다. 대부분의 장난감이 원목 소재로 안심하고 놀 수 있도록 잘 다듬어져 있다. 실내 곳곳에 배치된 가구 역

'빨간 앞치마'의 장난감박물관 큐레이터는 지역 어르신들이 참여하는 자원봉사자로 구성된다. ⓒttm

시 원목이다. 전시된 장난감을 구입해 그 추억을 오래도록 간직할 수도 있다. '빨간 앞치마'를 두른 자원봉사자들도 감동적이다. 낯선 장난감 앞에서 어리둥절해 하는 사람에게 어느새 다가와 친절하게 노는 방법을 설명하면서 놀이의 즐거움과 기쁨을 전해주고 있었다. 평일에는 10명, 주말에는 15명 정도가 봉사활동을 하는데, 1년간 4,000여 명의 지역민들이 연간 3,000만 엔(4억 4,000만 원) 정도의 비용을 절감하고 있는 셈이다. 현재 등록자 수는 약 350명, 10대부터 80대까지 연령층도 직업도 다양하다.

이곳은 노인들을 위한 융복합공간이기도 하다. 박물관이 노인복지센터와 함께 있어 이용하는 어르신들을 장난감박물관 큐레이터로 활동하게 만들었다. 지역주민과 연계한 성공적인 사례로 호평을 받았다. 연간 2회 노인들을 위한 큐레이터 양성강좌가 개최되는데, 이틀 동안의 강좌에서 장난감박물관의 역사와

대부분의 장난감이 원목소재로 안심하고 놀 수 있도록
잘 다듬어져 있는 '나무놀이터'라는 점이 자랑거리다.

놀이의 매력을 배우게 된다. '자격취득을 목표로 한 강좌'가 아니라 '봉사활동
을 하기 위한 연습'이라 못 박은 지원조건 또한 감동적이다.

도쿄장난감박물관의 '나무장난감을 통한 사회공헌'은 감동을 이어간다. 신주
쿠구청과 계약을 맺고 신주쿠에서 태어난 아기에게 나무장난감을 선물하는
'우드 스타트(Wood Start) 프로젝트'를 시작한 것이다. 나무를 성장의 배경이
자 도구로 삼게 하자는 것. 아기들에게 보내는 나무장난감은 모두 구청과 자매
결연을 맺은 나가노현의 목재업체가 제작을 담당한다. 이를 계기로 나가노현
은 나무장난감을 지역의 주요산업으로 육성하기로 결정했고, 신주쿠구청은 이
운동을 여러 지자체에 확산시키려고 노력하고 있다. 지자체 중 반 정도만 참여
해도 사양산업으로 전락한 임업과 목공업이 성장할 수 있는 계기를 마련할 수
있을 것이라는 희망을 품는다고 했다.

다양한 가라쿠리 장난감들. 박물관은 장난감공방, 장난감병원 등도 갖추고 있다.

아이들은 전시실과 테마공간에서 기발한 장난감들과 신나게 '논다'.

강좌를 통해 장난감의 역사와 놀이의 매력을 배운 자원봉사자가 언제나 놀이의 즐거움과 기쁨을 전해준다.

시민이 만든 박물관, 문화를 전하는 박물관, 세대를 잇는 박물관. 이런 각오는 무엇하나도 쉽지 않은 일인데 이 작은 '핸즈 온' 공간에서 이 세 가지의 성취를 확인했다면, 과연 믿으실지. 타다 치히로(多田千尋) 관장의 말에 그 신념이 녹아 있다.

- 인간이 맨 처음 만나는 예술은 장난감입니다. 삶의 용기와 기쁨을 주었던 장난감은 위대한 존재입니다. 이곳은 '놀이'의 매력을 '예술'의 힘과 융합시킴으로써 창조적 변화를 이끌어내는 곳입니다.

일본 도쿄 도쿄장난감미술관
www.goodtoy.org/ttm

'노아의 방주' 입구, 폐품으로 만든 리사이클 동물 조형물들

이야기를 통해 확고해지는 신념
미국 LA 스커볼문화센터 '노아의 방주'

LA에서 가장 역동적이자 감동적인 유대인 문화공간이라 할 스커볼문화센터는 타인종에게 유대인 알리기를 운영 목표로 탄생한 곳이다. 랍비인 잭 H. 스커볼(1896~1985)의 이름을 딴 스커볼문화센터가 5년간의 준비 끝에 선보인 문화체험 놀이터 '노아의 방주'는 문을 열자마자 경이로움 그 자체로 LA 최고의 'must go' 명소로 급부상했다.

구약성서 창세기에 나오는 '노아의 방주' 이야기에서 노아는 하느님의 명령으로 배를 만들어 가족과 짐승과 새를 싣고 큰 홍수에도 살아남게 된다. 이 배와

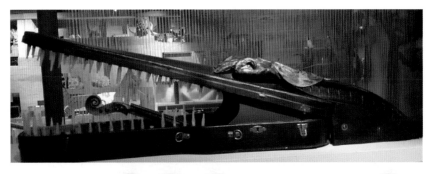

바이올린 케이스를 이용해 '살려낸' 악어(위)
'우리가 살려냈다'는 자부심을 갖게 하는 300여 개 동물장난감의 일부(아래)

사람과 짐승과 새 들이 함께 있는 현장이 재현된 것이다. 아이디어 넘치는 동물
인형, 20m 길이의 방주, 함께 놀 수 있는 3만 개의 나무동물 등으로 이곳은 종
교나 인종을 넘어 어린 자녀를 둔 부모들이 꼭 가볼 만한 나들이 코스로 각광받
게 되었다. 특히 기독교인들은 성경으로 읽어온 내용을 자녀들과 함께 몸으로
직접 체험해 볼 수 있는 기회도 된다. 역시, "유대인은 이야기를 통해 자신들의
삶과 문화의 가치를 전달하는 전통이 있다"는 말에 수긍이 간다.
'노아의 방주' 이야기는 절대자의 명령에 충실하게 따름으로써 구원을 받은 역
사라는 점에서 유대인에게는 '선택된 민족'이라는 자부심을 안겨주는 신앙적
사건이다. 이쯤에서 유대교 문화센터에 이 '노아의 방주' 놀이터가 세워진 이유
를 이해하게 된다. 노아는 중동지역 신화 속 인물이기도 해서 이곳에는 히잡 차
림 가족들의 모습도 자주 눈에 띈다.

입구를 들어서면 유명작가들이 놀라운 창의력으로 온갖 폐품을 활용해 만든 300여 동물을 만난다. '우리가 살려낸다'는 의미다. 라오스 대나무로 만든 아시아코끼리, 키보드로 만든 얼룩말. 양의 머리는 자전거의 안장으로, 악어의 벌린 입은 바이올린 케이스로 만들었다. 사자는 젓가락 수염과 거대한 밀짚 갈기를 가지고 있다. 파리채는 홍학 다리로, 쇠스랑은 사슴뿔로 둔갑했고 쥘부채와 안경은 각각 올빼미와 나비 날개가 되었다.

'노아의 방주'는 이야기로써 '시련-극복-공동선'에 이르는 과정을 온몸으로 익히게 한다.

방문객들은 성경에 나오는 비를 직접 만들고, 공기를 실린더 안으로 밀어 넣고, 폭풍을 움직이게 하고, 점점 늘어나는 물 위로 배를 떠다니게 한다. 누구든 노아가 되어 도르래로 모래주머니를 들어 올려 방주를 만들고, 동물을 컨베이어 벨트에 얹어 대피시킨다. '난장' 같은 분위기이지만, 여러 에듀케이터들이 동물춤 동작으로 아이들을 이끌며 '노는' 것을 돕는다.

화요일엔 노래 부르기, 수요일엔 세계의 홍수 이야기를 함께 나누고, 금요일에

'노아의 방주' 스토리는 산책공간의 스테인리스 스틸 벽에 펼쳐지는 무지개 장면으로 절정에 이른다.

는 춤을 통해 폭풍우를 헤쳐 나갈 수 있는 인간의 힘을 경험하게 한다. 장애아를 위한 프로그램도 결코 소홀하지 않다. 방주를 나와 바깥 산책공간으로 나서면 스테인리스 스틸 벽에서 나오는 안개비가 무지개가 된다. 감탄사가 터진다. 이즈음은 캘리포니아의 물 사정이 나빠지면서 이를 실내의 특수효과로 대신하는 아쉬움이 적지 않겠다 싶다.

이 '노아의 방주'에서의 체험은 위대한 이야기의 힘으로 폭풍우를 경험하고 공동체를 경험하며 무지개와의 만남으로 나아가는 시련-극복-공동선의 과정을 온몸으로 익히는 교육이라 할 수 있다. 이 '노아의 방주' 설계자는 누구일까. 의외였지만, 대구 S백화점에 있는 놀이공간 쥬라지(Zooraji)를 설계한 건축가 앨런 마스킨(Alan Maskin)이다.

박물관이 표현하기 힘든 가장 어려운 주제가 정체성이라고 한다. 이곳에서는

방주에서는 에듀케이터들이 아이들을 이끌며 '노는' 것을 돕는다.
노래, 춤, 이야기 프로그램이 요일별로 다양하다.

그들을 지켜온 옛이야기가 그야말로 정체성이 되어 위대한 민족을 만들어간다. 티 나지 않는 '마인즈 온' 콘텐츠의 완성이다. 자연스럽게 환경의 문제, 생명의 문제로 마음을 움직인다. 이곳에서 다문화시대를 살아가는 상생의 묘안을 봤다면 지나친 생각일까. '아기 모세를 살린 상자'라는 의미의 방주 이야기 하나가 문화 콘텐츠의 여러 의미를 살려냈다는 생각에 나는 무릎을 쳤다.

미국 LA 스커볼문화센터 '노아의 방주'
www.skirball.org/noahs-ark

함께 온 어른도 아이와 함께 즐길 수 있는 공간이다.

우리라고 왜 할 수 없으랴

아날로그에는 나무향기가 그윽했다. 체험하는 박물관이 이해하고 느끼는 박물관으로 변한다. 역사가 시간의 축적이듯, 아날로그가 쌓여 디지털콘텐츠의 곳간이 될 것이다. 아이들의 생경한 체험이 하루아침에 폐부를 찌르는 교훈이 되지는 않을 것이다. 스민다는 것, 체화된다는 것, 그런 교육에 감동을 받을 수밖에 없었다. 나무를 만지고 문지르며 순한 자연을 배우고, 감동적인 이야기에 실어가며 세상에 눈을 뜨는 방식이라면, 우리라고 왜 할 수 없으랴. 우리도 어린이들이 만지면서 경험할 수 있는 역사의 아이콘들이 얼마나 많은가. 『삼국유사』 같은 최고의 이야기책으로 이런 '마인즈 온' 콘텐츠를 만들지 못할 이유가 없다. IT강국의 힘이 디지털 지상주의, 그 맹목적 콘텐츠 생산으로 이어지지 않았으면 좋겠다.

미국 LA 스커볼문화센터

유대인의 역사와 이민사를 정리한 문화공간

1996년 산타모니카의 아늑한 산자락에 문을 연 스커볼문화센터는
LA 지역 유대인 커뮤니티의 대표적인 문화센터이다. 유대인들의
4,000년 역사와 문화·예술·이민사가 전시되고 있다. 그러나 이곳
은 유대인을 위한 공간에 그치지 않는다. 도리어 미국을 이룬 다인
종·다종교·다문화의 가치를 느끼고 감상할 수 있는 다양한 전시와
공연이 이어진다. 다원성이 추구되는 이 고즈넉한 공간으로 매년
50만 명 이상이 다녀간다.

레너드 번스타인 100주년 기념전, 가수 폴 사이먼 특별전, 로이 리
히텐슈타인 판화전, 안셀 애덤스 사진전, 스탠리 큐브릭 사진전,
미국의 이민정책을 비난하고 고발하는 사진전 '아메리칸 드림' 등
수많은 기념비적 전시회가 이곳에서 열렸다. 매주 목요일은 무료
입장이 가능하다.

'우리의 도시'를 사랑하는 법

미국 시애틀 역사산업박물관(MOHAI)
일본 오사카 '생활의 금석관(今昔館)'

도시의 박물관은 시민의 문화복지에 절대적으로 기여한다. 도시는 박물관과 함께 진화하기 때문이다. 그래서 도시를 주제로 한 박물관들은 자신을 드러내는 일에 한층 애쓰고 있다. 도시박물관의 큰 관심사는 도시의 미래를 구성하는 데 필요한 혁신적인 생각과 효과적인 접근 방식에 있다. 누군가 사랑하면 알게 되고, 알면 보이게 되고, 그때 보이는 것은 예전 같지 않을 것이라 했다. 이렇게 풀어보면 어떨까. "지난날을 기억할 수 없다면 우리는 앞으로 어떤 희망도 가질 수 없다"라고. 오늘, 진정한 사명감과 명확한 목표를 가진 두 박물관을 만나보자.

시애틀 역사산업박물관(MOHAI)

창의도시의 놀라운 역사와 산업의 이력서
미국 시애틀 역사산업박물관(MOHAI)

미국 워싱턴주 시애틀은 하이테크 기술을 자랑하는 비옥한 아이디어의 땅이다. 마이크로소프트·코스트코·보잉·UPS·스타벅스 등 글로벌 기업들의 본사가 있어 더 유명한 곳이기도 하다. 전 세계에 엄청난 파급력을 가진 그 기업들의 혁신 생태계가 살아 숨 쉬는 덕분에 미국에서도 가장 성장이 빠른 도시로 부러움을 사고 있다. 전문가들은 시애틀의 차별화된 라이프 스타일이 기업의 경쟁력이 되었다고 평가했다.

창의도시 시애틀의 놀라운 이력서는 바로 시애틀 역사산업박물관(Museum of

'시애틀 여행'이라는 글귀로 방문객을 맞고 있는 상설전시장 입구

History & Industry) 즉 '모하이(MOHAI)'에 고스란히 들어 있다. 19세기 초 작은 도시에서 세계적인 항구도시로 성장하기까지 시애틀의 역사 속에 등장하는 세계 유명 회사들의 발전사를 여기서 만날 수 있다. '자동차산업의 발달 과정', '장거리 비행기의 최초 발명'을 비롯해서 지금의 보잉 사까지 시애틀의 역사와 산업을 한눈에 볼 수 있는 매우 의미 있는 박물관이다.

모하이는 1952년 2월 15일 몬트레이크(Montlake)에서 문을 열었다. 초기만 해도 1914년 발족한 시애틀역사협회가 수집한 유물·문서·사진 등이 고작이었지만, 지금은 시애틀과 퓨젯사운드 지역의 유물·사진·보관자료 400만 점을 소장하고 있다. 1980년대부터는 교육 및 사회봉사 프로그램을 확대하면서 빠르게 성장했다. 2012년에 사우스 레이크 유니언 지역에 있는 옛 해군 병기창으로 옮겨 재개관할 때 아마존닷컴의 창립자이자 CEO인 제프 베조스가 무려 1,000만

1층에 마련된 '베조스 이노베이션 센터'의 전시물

'지속가능한 혁신'을 주제로 꾸며진 전시장

달러를 기부해 박물관 내에 '이노베이션 센터'까지 만들었다. "산업혁신이 인류의 보편적 진보에 중요한 역할을 할 수 있다"는 가르침은 시애틀이 계속 그 역할을 할 수 있는 동력이 되었다.

박물관의 넓은 아트리움에 들어서면, 아트리움 북쪽 끝을 관통하는 20미터 높이의 목조각품 'Sea to Sky'를 만난다. 보잉 최초의 상용기, 1919년 보잉 B-1, 1999년 국제무역기구 회원국 회의 반대시위(일명 시애틀전투) 때 참여 여성들이 만든 1856년 미국 국기인 페티코트 플래그, 라이니어 브루닝 사의 네온사인도 보인다.

2층 전시실에 펼쳐진 25개의 시애틀 역사 속 '스냅 샷'을 거닐며, 관람객들은 '개척시대부터 현대까지' 시애틀의 역사에 몰입할 수 있는 독특한 체험을 하게 된다. 이름하여 '진정한 노스웨스트, 시애틀 여행'이라는 제목의 상설전이다.

아트리움은 시애틀의 역사를 상상할 수 있는 볼거리로 가득 차 있다.

시애틀의 철도건설과 시애틀의 대화재 사건을 알려주는 전시물들

1790년부터 극적인 환경, 다양한 인종, 더 넓은 세상과의 연결, 그리고 진보적인 정신이 어떻게 시애틀의 역사를 형성했는지 알게 하는 공간이다. 여기에는 시애틀의 다양한 역사와 문화를 체험하는 많은 양의 인터랙티브 미디어가 포함되어 있다. 맨 먼저 조슈아 그린 파운데이션 극장에서 상영하는 시애틀에 대한 7분짜리 영상은 상설전 '시애틀 여행'의 맥락을 이해하는 데 큰 도움을 준

2016년으로 창사100주년을 맞은 항공기제작사 '보잉'의 역사관

다. 거기에서 모하이의 '지속가능성'에 고개를 끄덕인 사람이 나만은 아니었을 것이다.

모하이는 사람들에게 "미래를 위해 과거를 가르치고, 즐기면서 현재를 뛰어넘는 꿈을 꾸겠다"는 차진 약속을 보여준다. 혁신과 상상력의 전통으로 도시의 역사를 이어가겠다는 각오 또한 숨기지 않는다. 수석 디렉터인 레너드 가필드가 말했다. "시애틀은 쉼 없이 '세계에 없는 삶의 방식'을 만들고 있다. 우리는 그 이야기를 공유하고 있으며, 모하이는 어떻게 역사에 얽매이지 않고 역사를 발전시키는지에 대해서 얘기하는 곳이다."

미국 시애틀 역사산업박물관(MOHAI)
www.mohai.org

'생활의 금석관' 입구. 많은 이들은 '오사카 주택박물관'이라 부른다.

'삶'을 테마로 한 최초의 전문박물관
일본 오사카 '생활의 금석관(今昔館)'

오사카 시민들의 100년 동안의 삶이 고스란히 모여 있다. 당연히 박물관이라 이름 붙여져야 하지만 '생활의 금석관(今昔館)'이라 불린다. 지금과 옛날을 비교하여 그 심한 차이에서 오는 느낌, 그 금석지감(今昔之感)을 가두어 둔 공간이라고 이해하면 될 듯하다. '오사카시립주택박물관'으로 회자되는 이유도 이해가 된다.

1999년 11월 오사카시립주거정보센터가 개설된 이후, 2001년 4월 개관한 '금석지감의 현장'은 1884년 서양목조건물을 시작으로 메이지(明治)시대 서양문

상점가가 실물 크기로 재현되어 '마치야의 세시기'라고 불린다.

화의 창구인 가와구치 거류지, 다이쇼(大正)시대의 근대적 연립주택이 들어선 신시가지, 현대화에 대비하는 쇼와(昭和)시대 상점가들, 그리고 전쟁 후 복구과 정에서 시로키타 공원에 1951년까지 존속했던 버스주택에 이르기까지 100년 동안의 오사카 지역 주택역사를 1/50나 1/100 크기로 줄여 정교하게 만들어 먼저 보여준다.

물론 1953년부터 시작된 고도성장기, 유럽의 도시를 참고해 만든 새로운 라이프 스타일을 알리는 신사이바시 쇼핑거리나 프랑스 파리의 에펠탑과 개선문을 본 따 지은 쓰텐카쿠(通天閣)의 미니어처를 보는 것도 시민들에게는 쏠쏠한 추억거리다. 지루한 전시만 이어지는 것은 아니다. 정교한 인형으로 생동감 있게 연출된 집안의 풍경과 가족들의 모습이 30분마다 다른 모형으로 바뀌는 것도 보는 이의 감탄을 자아낸다. 상설전의 타이틀이 재미있다. '모던 오사카 파노라

마 유람'이다.

위층 전시실은 '마치야의 세시기(歲時記)'라고 불린다. 마치 드라마 스튜디오처럼 낮과 밤이 연출되고, 때로는 비가 오는 것 같은 특수효과도 보여주는 재미있는 공간이다. 여기에는 에도(江戶)시대인 1830년대 오사카의 상점가가 실물크기로 정교하게 재현되어 있다. 17세기부터 19세기까지 8만 채 정도 있었던 '마

전후 복구과정에서 시로기타 공원에 1951년까지 존속해 있던 버스주택을 재현한 디오라마

치야(町家), 즉 점포와 주거를 겸한 주택들이다. 최고의 상업도시로 번성했던 오사카의 마치야에 넘쳐났던 풍요와 번성함이 지금도 생생하게 전해온다. 4월부터 8월까지는 일본 3대 축제의 하나인 텐진마츠리를 재현하기에 '실내역사 재현테마공간'이라고 복잡하게 이름 붙여본다.

동틀 무렵부터 해질 무렵까지 시간의 변화를 조명과 음향으로 표현해 시시각

시대상을 잘 표현한 가족 풍경 미니어처로 공감을 불러일으킨다.

오사카 지역의 100년간 시대별 주택의 역사를 보여주는 미니어처들

각 다른 오사카의 표정을 보여주기도 한다. 닭이 울고 달이 뜨고 천둥치는 형세
가 꽤 실감이 난다. 포목점·책방·약방·인형가게에서는 이것저것 자유롭게 만
져보면서 당시의 생활상을 체험할 수 있다. 기모노 체험을 즐기는 사람들로 마
치야가 더 붐벼 보이지만, 뒷골목으로 들어서니 빨래도 널려 있고 마당의 강아
지와 지붕의 고양이 조형물들도 자연스럽기 그지없다. 전깃줄에 앉은 참새들
의 풍경도 전혀 낯설지 않다.

100년간의 시간여행을 다녀온 느낌이다. 비슷하면서도 다른 풍경들이 이어졌
지만, 결코 다르지 않은 '삶'이 너무도 정교하게 놓여 있었다.

> 일본 오사카 '생활의 금석관(今昔館)'
> www.konjyakukan.com

도시를 사랑하는 법을 배우다

한 도시의 이야기와 시민의 향수(鄕愁)가 어우러져 있는 박물관을 찾는 것이 그 도시를 사랑하는 법을 배우는 가장 빠른 길이란 것을 알게 되었다. 박물관은 관심이 있어서 찾아온 사람에게는 잊지 못할 최고의 경험을 하게 해주어야 한다는 사실도 새삼 깨우쳤다. 시민과 같이 활력을 되찾고 멋있게 늙어가듯 되돌아보는 즐거움을 자랑스럽게 느낄 수 있는 곳이 바로 '공감의 이야기가 모여 있는 박물관'이리라. 지금 우리가 살고 있는 역사의 도시를 우리는 어느 곳에서, 얼마나 공감할 수 있는가. 자존심이 결여된 도시가 책임감을 갖기는 어렵고, 책임감이 결여된 시민이 정의롭기는 더욱 어려운 법. 사랑했으나 알지 못하고, 알았으되 힘들어했다면 우리는 지금 몇 시인가.

'다음은 무엇인가?' 미래에 대해 끊임없이 아이디어를 캐는 곳

모하이의 '베조스 혁신센터(Bezos Center for Innovation)'

모하이 입구에 세워둔 '베조스 혁신센터'를 알리는 조형물

2013년 10월 11일 아마존닷컴의 설립자이자 CEO인 제프 베조스의 후원금으로 모하이의 그랜드아트리움에 '베조스 혁신센터'가 탄생했다. 제프 베조스는 "시애틀에는 혁신의 DNA가 있다"고 말한다. 혁신은 어떤 모습인가? 위대한 아이디어는 어떻게 발전하는가? 이곳은 시애틀의 창의력과 그 창의력이 만든 발명품의 과거와 미래를 볼 수 있는 곳이다. 시애틀의 이노베이터들은 특별 프로그램을 통해 그들의 최신 프로젝트를 서로 공유하고, 방문객들에게 그것의 미래를 보여주고 있다. 혁신센터는 '다음은 무엇인가(What's Next)?'라는 질문을 끊임없이 던지면서, 방문객에게 미래의 역할에 대해 창의적인 아이디어를 요구한다. '왓츠넥스트(What's Next)' 전시관에서는 현재 개발 중인 발명품을 간단히 보여주고, 아이디어 랩(Idea Lab)에서 방문자의 참여를 유도하고 있다. 직접 자기 생각을 영상으로 남길 수 있어 호기심 많은 방문객은 쉽게 떠날 수 없는 곳이다.

 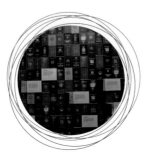  

이민자의 희망을 노래하고 설움을 달래주는 곳

호주 멜버른 빅토리아이민박물관
일본 요코하마 해외이주자료관

역사의 혼탁한 시대를 대표하는 단어 하나로 나는 '이민'을 들고 싶다. 삶의 터전을 옮긴다는 것은 쉽지 않은 결정이다. 원하면 갈 수 있는 땅이 있고, 원했지만 갈 수 없는 곳이 있고, 싫어도 쫓기듯 가야만 했던 곳이 있다. 망향가만 부르면서 돌아오지 못한 땅도 있었다. 시간이 흘러 울컥한 순정으로 바라보지도 않고, 시절의 바람기로도 가늠할 수 없는, 그 자체로 또 하나의 역사의 현장이 되어버린 곳. 이제는 사회통합과 문화적 다양성에 대한 논쟁들이 '이민박물관'으로 이어지고 있다.

호주 멜버른 빅토리아이민박물관

삶의 방식에 한없이 솔직한 박물관
호주 멜버른 빅토리아이민박물관

1770년 '테라 눌리우스(terra nullius·누구에게도 속하지 않은 땅)'라
는 개념으로 시작된 호주의 이민제도에는 '백호주의(白濠主義, White
Australianism)'라는 선입견이 자리한다. 하지만 이 백호주의는 1973년 노동
당이 집권하면서 폐지된 옛 법이다. 그 후 호주의 이민자들은 증가일로였다.
한동안 규제가 강화된 적도 있지만 최근 경기 활성화에 따른 노동 수요 급증
으로 이민자도 크게 증가했다. 호주 역사 전체로 보면 전 세계 90개국 사람들
이 지난 200년간 더 나은 삶을 찾아, 일거리를 찾아, 또는 전란을 피해 새로운

이민을 떠나는 더블린 사람들을 담은 데이빗 모나한의
기획사진전 '더블린을 떠나며' 홍보물

세 자녀와 함께 더블린을 출발하기 전날의 젊은 부부

땅 호주로 찾아든 셈이다.

야라(Yarra) 강에서 가까운 멜버른 도심의 '빅토리아이민박물관'. 1998년 낡은 세관 건물을 복원해 호주 빅토리아주로 이주한 사람들의 이야기로 가득 채운 이곳의 슬로건은 '우리의 다양성과 문화를 보라!'이다. 이민자들의 제2의 고향이 되기 위해 문화의 다양한 태피스트리(tapestry)를 탐험하게 만드는 이 박물관에는 그들만의 이야기와 다채로운 축제가 새겨져 있었다. 축제 정원에서는 음식·음악·문화가 살아있는 즐거운 축제가 열린다. 각국의 이민자들을 기리는 보호구역이자, 개성이나 다름을 반기고 추구하는 곳이 바로 호주라는 사실을 알려주는 곳이다.

상상의 체험공간으로 이루어진 로비는 이민자들의 출발점을 환기시켜 준다. 폐품을 활용해 각양각색의 비행기를 만들어 달아두게 한다. 자신을 낯선 땅으

폐품으로 비행기를 만들며 이민을 추억하는 방문객들

이민자들이 갖고 있던 모국의 여권으로 꾸며 놓은 전시장

로 데리고 온 비행기를 추억하면서, 이민의 역사 속으로 들어가게끔 하는 계산된 체험공간이다. 전시장 입구에 마련된 17미터 높이의 복제된 이민선에 오르면 1840년대식으로 꾸며진 비좁은 3등 선실과 1900년대식 증기선의 호화로운 2등실, 1950년대식 원양여객선 객실 등을 서로 비교하면서 수많은 이민자들이 새로운 대륙에 대한 설렘을 안고 실려온 기나긴 항해를 체험할 수 있다. 전 세계에서 빅토리아주로 이주한 사람들의 이야기가 인터랙티브 영상을 이용한 메모라빌리아(memorabilia)를 통해 생생하게 재현된다. 관람객들은 영상을 보며 1800년대에 빅토리아주로 이주해 오늘에 이른 사람들과 그 가족들의 꿈과 성공, 좌절에 공감하게 된다.

이 박물관 역시 다른 이민박물관처럼 '기억해야 할 과거를 발견하고 이해하는 여행'을 경험하게 한다. 하지만 그 여행은 매우 특별한 인식과 체험을 제공한다. 멜버른 내 80여 개의 건물과 볼거리를 둘러보는 역사기행 '골든 마일 헤리티지 트레일(Golden Mile Heritage Trail)'의 시작점이 바로 이곳이기 때문이

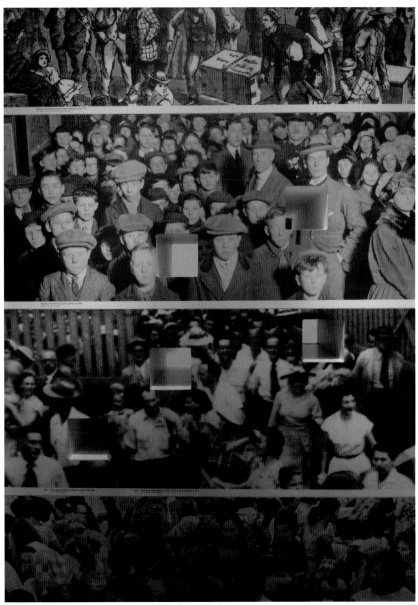

옛 이민시절 기록사진에 뚫어놓은 구멍을 들여다보는 방문객들이 당시 이민자들의 일부가 되는 느낌이다.

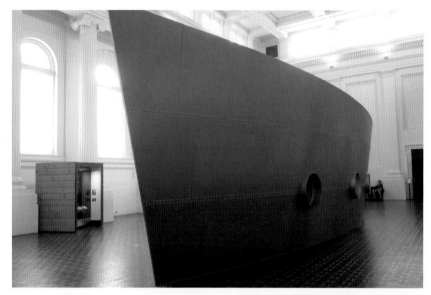

전시장 입구에 마련된 이민선(移民船) 조형물. 설렘을 안고 실려온 이민자들의 기나긴 항해를 체험할 수 있다.

'이민의 이유'를 정리해 둔 전시장

택시 드라이버였던 한 이민자의 생애를 전해주는 전시부스

다. 이민자의 그늘진 삶과, 예감하지 않았던 환희가 한데 뒤섞여 있는 빅토리아주의 다문화 역사를 바라보게 하는 것이다.

태어난 나라를 왜 떠나는가, 무엇을 경험하게 되는가, 어떻게 적응해야 하는가. 제 나라를 떠나 살기로 한 사람이라면 그 누구도 이 질문의 예리한 칼날을 비켜갈 수 없다. 이 박물관은 이러한 질문을 하고 그에 대한 답을 체험을 통해 보여주고 들려주려 애쓰고 있어 이민자의 가슴 한편에 못 박혀 있는 미안함과 그리움을 달래준다.

호주 멜버른 빅토리아이민박물관
museumsvictoria.com.au/
immigrationmuseum

일본해외이주자료관

문화의 다양성을 가르치는
일본 요코하마 일본해외이주자료관

요코하마는 19세기 후반, 하와이를 포함해 남북 아메리카로 이주하는 많은 일
본인들의 주요 출항 항구였다. 일본국제협력기구(JICA)는 2002년 이 요코하마
에 일본해외이주자료관(JOMM)을 세웠고 이는 '닛케이(日系)' 디아스포라의 역
사를 보여주는 이민박물관으로 자리매김했다. 이곳은 일본인에게는 해외이주
의 역사를 전할 뿐 아니라 일본에서 생활하는 일본계 외국인들에게는 다문화
사회에 대한 이해를 높이는 역할도 한다.

일본인 해외이주 역사는 1866년 해외 도항을 금지하는 쇄국령이 해제된 이후

남미로 떠난 초기 이민의 역사를 정리해 둔 다양한 전시물

19세기 말까지 하와이 사탕수수 농장을 중심으로 미국과 캐나다를 대상으로
펼쳐졌다. 남아메리카로의 진출은 19세기 말부터 시작돼 특히 1924년 미국이
일본인의 입국을 금지하면서 크게 증가했고, 제2차 세계대전 전후로 약 100만
이 이주했다. 현재 재외 거주 '닛케이'는 약 290만이다.

전시관은 주제별로 꾸며져 있는데 주로 중남미와 하와이를 포함한 북미 대륙
등으로 이주한 사람들의 역사를 소개하고 있다. 층층이 쌓인 낡은 이민가방과
망망대해의 사진을 지나면 노동자의 고된 현장이 생생하게 전해진다. 전시 타
이틀 그대로 'toil in the soil(흙 속의 고군분투)'. 그 생생함으로 일본의 해외이
주사를 잘 알려주고 있다는 평가를 받는다. 전시실에서 만난 한 일본계 외국인
은 "우리 할아버지, 할머니가 왜 이민을 와서 새로운 삶을 살기로 결정했는지
이해할 수 있었다. 삶의 중요한 선택이었음을 이제 알겠다"고 말했다. 이민자

하와이에 정착해 자손을 퍼뜨리고 살던 닛케이들의 단체사진.
실제 사진을 찍던 당시 분위기를 그대로 살린 구성이다.

생생한 이민자의 삶이 'toil in the soil'이란 말에 다 들어 있는 듯하다.

들이 직접 기증한 유물도 빛난다. 다양한 미디어로 이민 1세와 그 후손들 이
야기를 보고 듣게 해주어 특히 젊은 일본인들에게 소중한 공간으로 인식되고
있다.

흥미로운 부분은 '이민자의 가족 생활'이라는 섹션이었다. 방문객들은 뜻밖에
다양한 이국 음식들이 흰 쌀밥과 함께 담겨 있는 '모듬접시(믹스플레이트)'에
상당한 관심을 보였다. 모듬접시는 하와이의 사탕수수밭에서 노동하던 일본인
이민 1세대가 점심시간에 다른 인종의 동료들과 음식을 교환하거나 함께 먹던
데서 유래했다. 일본인의 주식인 흰 쌀밥이 다른 음식들과 함께 접시에 담긴 모
습은 자국문화와 다른 문화의 공존을 상징적으로 보여준다. 서로 다른 문화적
배경을 가진 사람들이 새로운 문화를 만들어가는 모습인 것이다.

한편, 가족 단위의 관람객이 박물관을 방문한 경우에는 일본의 전통시가인 하

이민자의 가족생활을 보여주는 전시. 모듬접시가 전시되어 있다.

이쿠(俳句)로 카드놀이를 하는 카루타 게임을 하면서 일본인 이민자들의 삶에 대해 재미있게 배울 수도 있다. 문화의 다양성에 대해 배울 수 있는 특별한 공간, 다문화사회에 대한 일본의 솔루션이 그곳에 있었다.

일본 요코하마 일본해외이주자료관
www.jica.go.jp/jomm

초기 이민자의 여행가방들을 모아둔 곳에서 사람들은 '이민은 삶의 중요한 선택'임을 알게 된다.

이민은 '삶의 다른 틀'이다

이민은 '제 나라를 떠나는 것(emigration)'과 '다른 나라로 들어오는 것(immigration)'을 아우르는 말이지만, 그동안은 주로 '경험과 본질'을 중시하는 동양에서 '논리와 현상'을 중시하는 서양으로 지도를 옮긴 일만을 생각했다. 크로스컬처, 멀티컬처, 인터컬처… 어느 문화의 곁가지라도 경험해 본 사람이라면, 정체성이란 평등한 문화소통이 일어나는 공간에서 자신이 만들어가는 것이라는 사실에 나는 무릎을 쳤다. 많은 이민사가 '성공신화'에 초점이 맞춰져 왔다. 사람와 문화가 오고가고, 그것이 질곡의 시간 속에 서로 합쳐지며 새 터전에 뿌리내려졌지만, 이제 그 기억들은 이민박물관에 모여 다시 누군가에게서 시작될 시련의 이정표가 될 것임이 틀림없다. 이민은 '삶의 다른 틀'일 뿐이다.

하늘에서 보면 태극문양이 선명한 '마음의 고향'

한국이민사박물관

게일릭호를 탄 한국인 최초의 하와이 이민자가족의 모습

1902년 12월, 인천항에서 121명이 미국 증기선 게릭호를 타고 하와이 사탕수수농장으로 간 것이 한국인 이민의 시작. 그 후 1907년까지 7,226명이 하와이로 떠났다. 1905년 1,033명이 멕시코행 이민선으로 도착한 유카탄 반도에서도 '애니깽'의 이민사는 계속된다. 100여년 전 이민선의 출항지였던 인천 월미도에 지하 1층, 지상 3층, 연면적 4,127㎡ 규모로 2008년 6월 개관한 한국이민사박물관. 2003년 미주 이민 100주년을 맞아 우리 선조들의 해외에서의 개척자적인 삶을 기리고 그 발자취를 후손들에게 전하기 위해 인천시민들과 해외동포들이 함께 뜻을 모은 결실이다. '디아스포라의 귀향'부터 '기억할게, 우토로'까지 11번의 기획전을 통해, 한국인 이민의 다양한 역사를 조명해 왔다.

아시아·미주·유럽 등에 살고 있는 해외한인은 750만 명. 최근의 난민사태를 생각하면 불행하게 시작된 우리의 이민사에도 더 관심을 기울일 때가 됐다. 상설전시관 개편을 마치고 2017년 9월 재개관했다.

거듭날 수 있음을 경고하는 아픈 역사의 트라우마

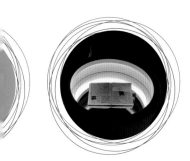  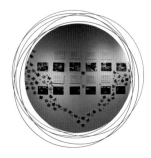

경기 광주 '나눔의 집' 일본군 '위안부' 역사관
미국 LA '관용의 박물관'

인류가 자신의 역사를 기록하기 시작한 이래로 전쟁과 살육과 학살만큼 끔찍하게 우리의 현실을 압도하는 것은 없다. 살아남은 우리는 인간에 대한 믿음과 애정에 도저히 회복할 수 없을 정도로 큰 심리적 상처를 안는다. 인간의 심리적 방어벽에 구멍이 뚫린 상태, 우리는 그것을 '트라우마'라 부른다. 그중에서도 일본군 '위안부'나 홀로코스트처럼 '특정한 시점에 발생한 실제 사건을 개인과 집단들이 경험한 상실감'을 가리키는 '역사적 트라우마'는 개인을 넘어 사회 전체에 오래도록 아픈 기억을 드리운다. 그것을 기억하고자 하는 박물관은 "역사란 타인의 그것이 아니라, 우리의 역사로 거듭날 수 있다"는 것을 증명하고 있는 듯하다.

'나눔의 집' 제4전시공간인 '기록의 장'

낮은 목소리의 마지막 역사교실
경기 광주 '나눔의 집' 일본군'위안부'역사관

일본군'위안부'. UN 등에서는 그 본질을 잘 드러내주는 '성노예'(sexual slave) 또는 '성폭력 피해자'라는 표현으로 쓰인다. 1998년 8월 개관한 경기도 광주의 '나눔의 집' 부설 일본군'위안부'역사관은 세계 첫 일본군'위안부' 박물관이다. 일본군 '성노예' 피해 할머니들을 위한 보금자리인 '나눔의 집'이 처음 서울에 들어선 것은 1992년이었다. 3년 뒤 '나눔의 집'은 경기도 광주로 옮겨졌다. 바로 이곳에 ㈜대동주택의 기증으로 1998년 8월 일본군'위안부'역사관이 처음 세워졌다. 2017년에는 유품전시관과 추모기록관을 둔 제2역사관을 개관했

제2역사관의 유품전시장. '성노예' 피해 할머니들의 생애, 끌려간 곳에 대한 설명과 함께 유품이 전시되어 있다.
ⓒ나눔의 집

다. 할머니생활관, 교육관을 비롯해 모두 10개의 전시장과 다양한 추모공간으로 조성된 이곳은 '아픈 역사를 기억하고, 올바른 역사를 만드는 현장'이다. '증언과 체험의 장', '기억과 기록의 장'으로 나눠져 숨은 역사의 칼날을 벼리면서 기록의 간극을 메꿀 기억 재생의 중요한 임무를 수행하고 있다.

2017년 개봉한 〈귀향 : 끝나지 않은 이야기〉는 '국민이 만든 기적의 영화'라는 평을 들으며 주목을 받았다. 이 작품은 그 전해 일본군'위안부' 문제를 다룬 영화 〈귀향〉의 속편인데, 그 한자(漢字) 타이틀이 '鬼鄕'이었다. '귀신이 되어서도 돌아와야 한다'는 의미를 담았을 것이다. 그동안 많은 예술가들이 이 믿을 수 없이 통렬한 비극을 시로, 소설로, 연극으로, 영화로 전해 왔다. 할머니들은 강연을 통해, 많은 학생과 시민들이 '수요집회' 등에 모여 쉰 목청을 높여온 지 20년이 훌쩍 지났다. 12·28 한일합의, 화해·치유재단, 10억 엔….

조선의 여성이 곧 생명이며 동시에 생의 근원임을
상징하는 임옥상 작가의 조형물 '대지의 여인'

'나눔의 집' 입구. 세상을 떠난 할머니의 흉상들.
흉상 뒤쪽에는 일본군 성노예 피해자를 상징하는 최초의 소녀상 '못다핀 꽃'이 함께 전시되어 있다.

제2역사관 추모공원 뒤 담벼락 풍경. 방문객들이 직접 쓴 추모 메시지가 노란 나비처럼 빼곡하게 달려 있다.

그 비루한 핑계들도 이제는 모두 사라졌다. 우리는 이제야말로 슬픔과 통한의 역사가 지워진 제자리로 돌아가고 있는 것일까. 2020년 3월 대구의 한 할머니가 세상을 떠나고 이제 남은 이는 더 줄어 들었다.

지금까지 일본은 어떻게든 '위안부' 문제를 종결하려 했다. 하지만 고 김학순 할머니의 일본군'위안부' 피해자 공개 증언 이후 세계의 관련 단체들과 피해자들은 꾸준히 '위안부' 피해의 역사를 기록하는 작업을 해왔고 그 성과가 '위안부'박물관으로 나타나게 된다. 현재 세계 11곳의 '위안부'박물관들은 민족과 국가를 넘은 바른 역사 찾기에 깊이를 더해가고 있다.

전시관 입구에는 '나눔의 집'을 지어드리고 싶다는 분의 청에 못 이겨 그 무렵 내가 써드린 머리말이 여전히 찾아오는 이를 맞아주고 있었다. 괜시리 눈시울이 붉어지며 가슴이 먹먹해 왔다.

'나눔의 집' 역사관 고액기부자들의 명단을 배경으로 한지등(韓紙燈)으로 만든 소녀상이 세워져 있다.

- 여기 이곳/ 잊을 수 없는 역사가 있습니다./ 말 못할 설움에 겨워 부끄러움마저 잊고/ 50년의 어둠을 뚫고 당당히 우리 앞에 선/ 님들의 이야기가 모여 있습니다./ 꽃다운 생애를 접은 님의 숨결과/ 남은 이의 낮은 목소리가 모여 있는/ 마지막 역사교실입니다./ 용서할 수 없는 역사/ 눈 먼 역사에 절은 몸과 마음의 기록들이/ 우리에게 큰 가르침을 남기는 장한 터입니다./ 여기에서 새 천년을 지켜갈/ 인간의 평화가 자라날 것입니다……

경기도 광주 '나눔의 집'
www.nanum.org

'관용의 박물관' 전경 ⓒMOT

기억하면 희망이 살아나는 공간
미국 LA '관용의 박물관'

아시아의 일본군'위안부'처럼, 서구 사회는 '홀로코스트(Holocaust)'가 늘 트라우마이다. 1993년 2월 개관한 미국 LA의 '관용의 박물관(Museum of Tolerance)'은 이 홀로코스트로 대표되는 인종차별의 폐해와 인간에 대한 잔학 행위를 돌아보고 인류의 반성을 유도하는 취지에서 건립되었다. 포로수용소의 생존자로서 전범 색출과 홀로코스트 실상 폭로에 앞장선 유대인 영웅 지몬 비젠탈(Simon Wiesenthal)의 이름을 따서 1977년 설립된 유대인 연구단체 '지몬비젠탈센터(Simon Wiesenthal Center)'가 5,000만 달러의 기부금을

비극의 홀로코스트를 보여주는 실감나는 디오라마 중 하나

낸 것이 건립의 초석이 되었다. 개관 후, 13만 명의 학생을 포함해서 매년 25만 명이 찾는 이곳은 전 세계 언론이 추천하는 '꼭 봐야 할' 명소가 되어 있다.

이곳 전시실은 동선과 관람시간에 따라 자동으로 문이 열리고 닫힌다. 정해진 관람시간을 채우지 않고는 박물관 밖으로 나올 수 없다는 얘기다. 첫 전시실에서는 들어서면 홀로코스트 이전 유럽 유대인들의 생활이 소개되고, 나치 독일의 어느 거리를 배경으로 히틀러 자서전 『나의 투쟁』이 베스트셀러로 팔리는 장면이 보인다. 처참하게 폭격당한 미니어처 거리와 유대인 처리방법을 논의하는 장면도 있다. 1,100만 유대인의 나라별 분포도도 보인다.

유대인 집단거주인인 게토(ghetto)로 꾸며진 문을 들어서면 홀로코스트가 소개된다. 학살당한 유대인 수는 586만 명. 그 입구의 'Never to Return!'이란 글이 섬뜩하다. '가스실'을 재현해 놓은 마지막 전시실에서는 양쪽 콘크리트 벽에

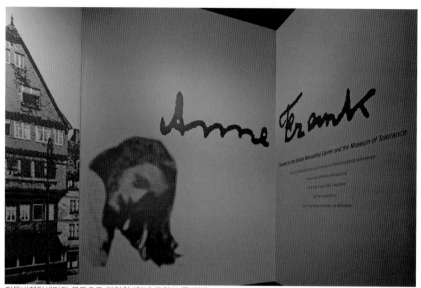

지몬비젠탈센터와 공동으로 마련한 '안네 프랑크 특별전'

걸린 사진과 동영상 속 증언을 통해 유대인들이 가스실에서 어떻게 죽었는지, 얼마나 많이 죽었는지를 확인하게 된다. 남몰래 흐느끼는 노령의 방문객을 보면서 나는 이 광경이 세계에 만연한 인종차별의 슬픈 미래가 아닐까 착각에 빠졌다. 마지막 화면 속에 고정된 하얀 블라우스를 입은 자매의 웃는 모습이 한참이나 뇌리에서 지워지지 않았다. 출구가 열리니 정확히 한 시간이 지났다. 출구옆 또 하나의 문구가 있다. '희망이란 것은 기억할 때 살아있는 것이다.'

마침 '관용의 박물관'에는 '안네 프랑크 특별전'이 열리고 있었다. 1929년 네덜란드의 유대인 소녀 안네가 태어난 프랑크푸르트와 1934년 가족이 도착한 암스테르담의 거리를 지나면 살해된 150만 명의 아이들이 연상되는 빛바랜 옷들을 켜켜이 개켜 놓은 원형복도를 지나게 된다. 안네의 유물·사진과 함께 13회째 생일부터 쓰기 시작한 일기의 복제품과 세계 30개국에서 번역·출간된 『안

유태인의 영웅, 지몬 비젠탈의 사무실을 복원하듯
꾸며놓은 전시장

'안네의 일기' 원본 복제품이 전시되어 있다.

네의 일기』, 지몬 비젠탈이 안네를 체포한 사람을 추적하기 위해 사용했던 게 슈타포 전화번호부, 암스테르담 백화점에서 찍은 사진과 펜팔 편지들… 전시 장은 260도 스크린으로 2년간 숨어 있던 식료품공장 뒷방처럼 꾸며놓고 안네 를 기억하는 사람들의 증언까지 들려준다. 『안네의 일기』가 허구라는 파시스트 의 주장을 반박하며 철저한 추적 끝에 안네 체포자 칼 실버바우어를 찾아낸 이 도 비젠탈이었다.

"나는 아직도 사람들의 마음이 정말 착하다는 것을 믿는다"는 『안네의 일기』한 구절에 가슴 아파오던 기억이 문득 떠오른다. 나는 터치스크린 앞에 서서 수용 소에서 장티푸스로 죽은 16세의 안네가 이루지 못한 것을 이루겠노라 서약서

1942년 6월 20일 '안네의 일기'로 시작되는 전시장 입구

독일군에게 살해된 150만 명의 아이들이 연상되는 옷들을 쌓아둔 복도

홀로코스트 희생자의 유품들

를 썼고, SNS로 여러 사람에게 날렸다.

'관용의 박물관'을 나서며 서구 사회가 역사의 망각과 퇴행을 겪고 있다는 사실을 떠올렸다. 최근 프랑스에선 홀로코스트 생존자이자 인권의 아이콘이었던 시몬 베이유의 사진이 나치 문양으로 훼손된 채 발견되기도 했다. 언론들은 "홀로코스트를 기억하는 세대가 사라지면서 반(反)유대주의라는 금기가 무너졌다"고 하고 경계하는 중에도 좌우의 젊은 계층 다수가 반유대주의 선동에 나서는 이유는 무엇일까. '똘레랑스(관용, tolérance)'가 도리어 인종주의와 파시즘까지 포용하라는 빗나간 탕평(蕩平)의 프레임워크가 된 이유는 또 무엇일까.

미국 LA '관용의 박물관'
www.museumoftolerance.com

안네 프랑크 특별전

인간의 평화가 자라는 위대한 곳

트라우마의 역사는 어떤 이유로든 봉인될 수 없다. 과거를 사실적으로 재현했
느냐 아니냐를 넘어 역사에 대한 능동적 성찰을 이끌어내면서 생생하게 느끼
도록 현재화해 준다는 데 의의가 있는 것이다. 박물관을 '인간의 가장 위대한
생각을 보여주는 장소'라고 정의한 앙드레 말로의 말에 귀 기울이면서, 나는 반
드시 기억하고 증언해야 하는 이야기를 통해 인간의 평화가 자라는 위대한 두
박물관을 삼가 추억한다.

고통스런 과거를 덮지 않고, 기억하면서 미래로

일본군'위안부'역사관-희움

'희움'은 '희망을 모아 꽃 피움'의 줄임말.
역사관 건립의 계기가 된 고(故)김순악 할머니. ⓒ희움박물관

한국에서 가장 최근 개관한 대구시 서문로의 '일본군'위안부'역사관-희움'은 오래된 일본식 2층 목조 건물을 재건축한 공간이다. 1997년부터 대구와 경북 지역의 피해자를 지원하고 문제 해결 운동을 해온 '대구 정신대 할머니와 함께하는 시민모임'이 건립 운동을 본격적으로 시작한 지 12년 만에 2009년 평화와 인권을 위한 '일본군'위안부'역사관 건립추진위원회'를 결성했고, 8년 만인 2015년 12월 5일 문을 열었다.

설립에 큰 힘이 된 것은 고 김순악 할머니가 절절한 유언과 함께 기탁한 5,000여만 원과 피해자가 남긴 압화(押花) 작품이었다. 피해자 치유 프로그램의 일환으로 제작된 압화 작품을 '희움 : 희망을 모아 꽃피움'이라는 브랜드로 상품화해 얻은 수익으로 박물관 건립 기금의 70%를 충당했다. 20년간 기발한 아이디어와 지속적인 캠페인, 그리고 지역예술인의 재능기부가 빛을 더한 성과가 놀랍다. 오늘도 '평화와 여성인권의 가슴 벅찬 미래'를 만드느라 애쓰는 귀한 공간이다. www.heeummuseum.com

인간의 미래를 약속하는 곳

충남 예산 한국토종씨앗박물관
캐나다 오타와 캐나다농업식품박물관

봄이면 회자되는 명시 「황무지」에서 T.S.엘리엇은 겨우내 죽은 듯한 대지를 뚫고 수수꽃다리(라일락) 싹이 돋아나는 경이로움을 보고 "4월은 가장 잔인한 달"이라 노래했다. 씨앗의 힘과 그걸 살피는 농사의 힘. 인류의 가장 큰 발명은 단연코 농사다. 농사를 통해 인간은 생명을 이어갈 수 있었고 거기서 얻은 생산물 덕분에 혹독한 겨울을 견뎌낼 수 있었다. 오늘은 두 박물관을 통해 우리의 미래인 토종씨앗과 먹을거리를 만드는 문명의 기초, 농업 이야기를 전한다. 지속가능한 문명의 돌파구는 여기에 찾아지는 것 아닐까.

한국토종씨앗박물관

토종은 미래의 가치, 그 시작을 알린
충남 예산 한국토종씨앗박물관

충청남도 예산군 대술면. 참 햇볕이 곱고, 바람이 순한 곳이다. 이런 소담한 농
촌마을에 한국 최초의 토종씨앗박물관이 있다. '토종을 살려보겠다'는 오기
반, '씨앗을 베고 죽겠다'는 각오 반으로 만든 그야말로 '토종 무지렁이' 박물
관, 씨앗을 공공재인 국가유물로 등록한 대한민국 유일의 박물관이 탄생한 것
이다.

2017년 문을 연 35평 남짓(116㎡)의 작은 박물관에는 1,500여 종의 토종씨앗
들이 맵시 있게 빼곡히 들어앉아 있다. 처음부터 박물관을 염두에 둔 건 아니었

'토종씨앗나눔'에 참여한 씨앗도서관 회원들

다. 수년 전, 강희진 관장의 부인 김영숙(슬로푸드 전문가) 씨가 토종씨앗에 대해 관심을 기울여 '육종도 중요하지만 보존도 중요하다'는 사실에 눈뜨면서 박물관을 생각하게 되었다. 부부는 단 한두 종만을 위해서라도 전국을 누비면서 그들의 발자국 소리에 눈 뜬 생명을 만났고, 그 '역사성'에 주목했다.

전시관에 들어서면 채종과 씨앗마실을 통해 모은 예산의 토종씨앗들이 먼저 방문객을 맞는다. 전시실 중앙은 수수한 카페처럼 꾸며져 체험교육공간으로 쓰인다. 사람들이 몰려오는 날이면 토종과 씨앗의 정신적 가치를 배우는 형형한 눈빛들이 가득 차게 되는 곳이다. 그 옆방은 우리나라 토종의 산증인이요 선구자인 안완식 박사가 씨앗의 역사성을 기록하는 박물관의 취지에 공감해 기증한 씨앗들과 연구자료·사진자료 등이 전시되어 있다.

이 박물관에서 '길 위의 인문학' 행사로 '토종씨앗나눔'이 열렸다. 원래 씨앗은

'인문학적 해설'이 돋보이는 전시실

사고파는 물건이 아니라 서로 나누는 것이었으므로 그야말로 '토종은 미래의 가치, 한국 토종씨앗박물관은 그 미래의 시작'이라는 말에 공감하는 사람들이 멋진 세상을 움틔우려고 토종씨앗 이야기를 듣고 나누었다.

실은 씨앗박물관의 해설 패널 자체가 인문학 강의실에 다름 아니었다. 씨앗이 이토록 매혹적이라는 사실을 어느 누가 이렇게 찬찬히 일러줄까 싶을 정도다. 인도말 '브리히'(가을에 익는 벼)가 여진말 '베레'(흰 쌀)를 거쳐 마침내 '벼'가 되고, 인도말 '사리'(겨울에 익는 벼)가 '쌀'이 되었다는 설명으로 우리 주식(主食)의 어원을 알게 된다. 메밀로 소설가 이효석을 이야기하고, 감자로 신경숙의 소설과 고흐의 대표작을 떠올리게 한다. 콩은 추사 김정희, 녹두는 녹두장군 전봉준, 무는 허균, 수박은 소설가 황순원의 작품과 연결시킨다. 신숙주와 녹두나물에 얽힌 야사도 있다. 호밀빵이 독립투사들의 눈물 젖은 끼니였다는 내용

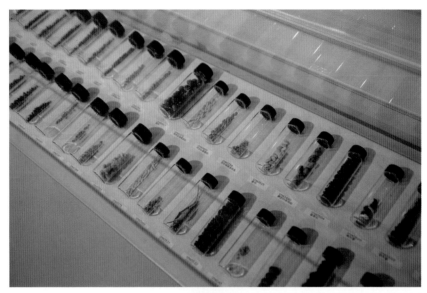

'이렇게 가까이서 본 적이 있었나'
새삼스러운 토종씨앗들

한국 토종씨앗 연구의 선구자인 안완식 박사의 기증전시실

'길 위의 인문학' 행사로 열린 '토종씨앗나눔'

은 감동적이기까지 했다. 감자를 주식으로 하는 아일랜드에 감자 전염병이 돌아 감자를 먹지 못한 사람들이 아사했는데 그 수가 수백 만, 인구의 4분의 3이라는 얘기도 있었다. 제주4.3사건을 다룬 영화 '지슬'(감자의 제주어)로 감자를 설명하는 대목에서는 씨앗박물관의 당당한 존재감을 느꼈다. '씨앗이 없었다면 지금의 우리도 없다'는 사실을 찬찬히 일러주어 맹목적 믿음으로 '토종'을 강조하는 곳이 아니라는 확신을 안겼다.

한국 토종씨앗들, 왼쪽부터 아주까리밤콩·적토미·찐보리·참밀

한국토종씨앗박물관 입구

세계는 씨앗전쟁 중이다. 지구에서 하루에서 사라지는 종자가 70여 종이라고도 한다. '농업생물다양성의 교두보'인 토종씨앗을 외면하고 '씨앗주권'을 지키지 못한 대가는 생각 이상으로 혹독할 수 있다. "토종씨앗박물관이 나라를 지키는 독립군은 아니지만, 우리가 우리 땅에서 먹고 자란 씨알의 역사를 간직한 씨앗 수문장은 될 것"이라는 강희진 관장의 말에 경의를 보낸다.

토종씨앗 한 알 한 알마다 화장세계(華藏世界)가 들어 있다. 나는 그렇게 공들여 모은 씨앗들을 귀하게 여기는 그곳을 '될성부른' 박물관, '뿌린 대로 거둘' 박물관이라고 이름 붙여보았다.

충남 예산 한국토종씨앗박물관
www.토종씨앗.com (blog.naver.com/fsac)

캐나다농업식품박물관

농업이 '창의적 재능'임을 알려주는
캐나다 오타와 캐나다농업식품박물관

오타와 공항에서 시내로 들어가는 길, 명문 칼튼대학교와 다우스호수를 끼고
돌면 캐나다농업식품박물관(Canada Agriculture and Food Museum)이 있
다. 시골 정취를 느낄 수 있는 도심 속의 체험농장으로 인기 높은 이 박물관은
1886년에 설립한 '캐나다중앙실험농장', 1889년에 개장한 '도미니언 수목원'
과 함께 있다. 엄청난 규모다.
이곳에서는 독특한 농업유산과 전형적인 농경생활의 풍경을 만끽한다. 살아
있는 말·젖소·양·돼지·토끼 등을 직접 볼 수도 있다. 가축을 만지거나 먹이를

'에너지 파크'라 불리는 '디스커버리 파크'.
캐나다 농업에 쓰이는 에너지의 생산과 소비 등을 쉽게 가르쳐준다.

주는 것은 허용되지 않지만 다양한 체험 프로그램이 있어서 그 누구도 아쉬움을 느끼지 않는다. 야외의 에너지 파크(Energy Park)에서는 태양 에너지, 풍력 에너지, 수력 에너지 등 에너지의 원리를 배우고, 재생 에너지 기술이 캐나다 농업의 에너지 소비와 생산을 어떻게 변화시키고 있는지도 알게 된다.

낙농 관련 건물(Dairy Barn)에서는 벌(bee)과 관련된 전시와 트랙터 등의 농업기계 전시가 이어지고, 농산물로 요리 체험하는 자리도 마련돼 있다. 여왕벌을 찾아보는 재미도 즐기고 꿀을 만드는 과정 등 배운다. 밀가루도 빚어보고 버터와 쿠키도 직접 만들어보는 등으로 농업과 식품에 관련된 수업을 한다. 지식을 배우고 그것을 활용하여 요리하는 수업을 아이들이 흥미로워하는 건 당연지사. 함께 온 어른들은 캐나다 가정요리법을 배울 수 있는 좋은 기회라고 인정한다.

개관 전 입구에서 부모와 함께 기다리는 어린이 방문객들

50마리가 넘는 젖소들이 모여 있어 젖을 짜는 모습도 볼 수 있고, 우유 만드는 과정을 설명해 주는 투어에 참여할 수도 있다. 쇠빗으로 양털을 빗는 체험은 덤이다. 러닝센터에는 터치스크린 등 다양한 영상 매체를 통해 아이들이 쉽고 즐겁게 배울 수 있는 콘텐츠가 마련되어 있다. 현대 농업이 환경에 미치는 영향을 탐구하기 위해 일하는, 농장 같은 박물관이다.

헛간에서 농업과 환경을 둘러싼 어려운 문제에 대한 해결책을 배우고 다양하고 창의적인 체험활동에 참여한다. 특히 3·4월 메이플 시럽을 끓여서 깨끗한 눈 위에 붓고 빠르게 응고되는 순간에 막대기로 돌돌 말아 사탕의 형태로 만드는 메이플 태피(maple taffy)는 요리체험의 절정이다. 부활절에는 에그 헌

박물관 내의 이정표

꿀에 관한 모든 것을 가르쳐주는 선생님들. 요리체험도 병행해서 인기가 높다.

팅, 여름에는 아이스크림 축제, 추수감사절에는 애플사이다 만들기, 할로윈 때는 호박으로 잭-오-랜턴(Jack-O-Lantern) 만들기 등 다양한 이벤트가 열린다. 주말이면 마차를 타고 박물관 옆의 대형농장을 둘러보는 여유도 부려볼 만하다.

2017년부터는 이 박물관에 오타와 다른 두 곳의 박물관(과학기술박물관, 항공우주박물관)을 더해 '창의적 재능'이라는 뜻을 가진 라틴어 '인제니움(Ingenium)'이라는 이름으로 통합티켓을 판매하고 있다. '인제니움'은 과학과 기술 유산에 대한 캐나다의 이야기를 보존하고 공유하기 위해 만든 새로운 브랜드. 연간 회원권으로 캐나다 전역과 전 세계에 분포하는 약 300여 개의 과학기술박물관과 과학센터를 무료로 입장할 수 있다. 한국의 과천 국립과학관도 여기에 포함된다.

트랙터 전시장. 체험활동을 위해 마련해 둔
어린이용 체험복이 눈에 띈다.

이 박물관에서 '카놀라 이시셔티브 국가자분위원회(CINAC)'가 참여한 '캐나
다가 개발한 혁신의 씨앗, 카놀라 50주년 특별전'이 열렸다. 중국이 캐나다산
카놀라의 수입을 금지해 한동안 초비상이 걸리기도 했지만 캐나다의 씨앗 카
놀라는 이 전시회를 통해 다시금 전 세계의 이목을 모았다. 12월 5일 세계 토
양의 날을 기념하는 토양 관련 전시회도 관심을 끈다.

캐나다 오타와 캐나다농업식품박물관
www.ingeniumcanada.org/cafm

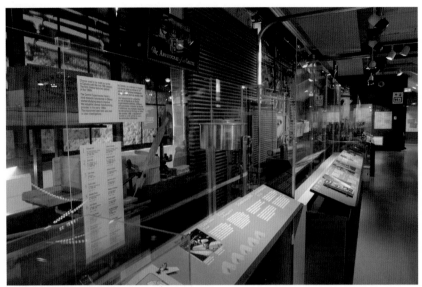

식품3 관한 전시실

무심했던 마음의 새로운 감동, 오래 남아 있기를

눈물어린 감동도, 세상을 떠나갈 듯한 사건도, 하늘을 찌를 듯한 분노도 금세 잊혀지는 세상에서 우리의 생명을 아끼며 미래를 담보하고 있다는 오늘의 작은 믿음이 많은 이들 가슴에 오랫동안 남았으면 좋겠다. 사찰에서 수행자들이 식사를 할 때마다 염송하는 '오관게(五觀偈)'라는 게송(偈頌)이 있다. 평소에는 그 뜻이 무심하기 그지없었지만, 며칠 동안 씨앗·생명·흙 그리고 애쓴 이의 마음을 생각해서 그런지 평소와는 달리 더욱 절절하게 와 닿는 것 같았다.

- 이 음식이 어디서 왔는가./ 내 덕행으로는 받기가 부끄럽다네./ 마음의 온갖 욕심을 버리고/ 몸을 지탱하는 약으로 생각하여/ 깨달음을 이루고자 이 음식을 받습니다.

흥미로웠던 씨앗 촬영체험

이색 기획전 '토종씨앗, 밥상을 부탁해'

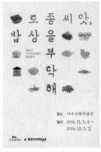

'토종씨앗, 밥상을 부탁해'
포스터

김영숙 슬로푸드 전문가의
손바닥 씨앗을 촬영하는
유관호 작가

씨앗이 가진 은유의 힘은 만만치 않다. 씨앗은 시작, 출발이자 인(因)과 연(緣)이라고 해도 틀리지 않는 것은 자신의 삶을 이어가며 눈물겨운 역사를 드러내기 때문이리라. 씨앗에서 교육적인 맥락을 발견할 수 있다는 생각에 대구교육박물관과 한국토종씨앗박물관은 기획전 '토종씨앗, 밥상을 부탁해'를 2019년 11월 한 달간 대구교육박물관에서 마련했다.

'토종은 미래의 가치'라는 주제로 120여 종의 다양한 토종씨앗이 선보였지만, 특히 주목받은 것은 20년간 '씨앗은행'이란 주제로 작업을 해온 독일 하노버의 사진예술가 유관호(58) 씨의 씨앗 촬영체험. 한국과 유럽을 오가며 '씨앗은행'이라는, 인간의 정체성을 찾아주는 흥미로운 작업을 하는 이 작가는 손바닥에 씨앗을 올린 뒤 사진을 찍고 촬영이 끝나면 비닐봉지에 동전과 함께 담아 되돌려주는 행위를 보여준다. 이로써 '사람의 손으로 자연의 건강한 씨앗을 담아내는 사이 어느새 마음속에 따뜻한 마음씨가 심어지는 감동'을 잘 살렸다는 호평을 받았다.

따뜻한 쇠, 억장을 녹이는 쇳소리… 삶은 그렇게 이어진다

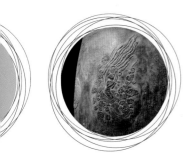

충북 음성 철(鐵)박물관
충북 진천 종(鐘)박물관

2015년, '무현금(無絃琴) - 전통과 현대의 조우'라는 타이틀로 이색 기획전이 열렸다. 오행의 금(金)사상에 근간을 둔 '전통 장인과 현대 예술가들의 콜라보레이션'이라는 획기적 시도였다. 너무나 낯선 조건들이라 한데 녹아들 수 없을 것 같았지만, 결국 새로운 지평을 열었다는 평가를 받았다. 사람들은 그곳에서 그야말로 "줄 없는 거문고 소리가 마음을 울려 심금에 가 닿는다"는 무현금의 마음을 보았던 것이다. 그 현장이 바로 5년 터울로 태어난 음성 철박물관과 진천 종박물관이다.

철박물관 전경 ⓒ철박물관

'담금질'의 교훈을 얻는
충북 음성 철(鐵)박물관

고고학에서는 선사시대의 마지막 단계를 철기시대(鐵器時代)라 이른다. 대개 기원전 1200년경부터 700여 년 동안이 이 시기에 해당한다. 그런데 아직도 철을 '산업의 쌀'이라 부르니 우리가 사는 지금 시대도 어쩌면 철기시대라 해야 하지 않을까 싶다. 이런 점에서 철박물관을 두고 인류의 회고취미에서 발의되고 구현된 공간으로 여겨서는 결코 안 될 일이다.

철박물관은 지난 2000년 '상상 이상의 철(iron beyond imagination)'을 슬로건으로 하고 "철과 인간의 상호관계를 재인식하게 한다"는 미션을 품고 문을

소장품인 이경자 작 '니르바나 33'(2007, 무형문화재 제19호)

열었다. 국제박물관협의회(ICOM) 집행이사로도 활약하는 장인경 관장은 동국철강 창업자 고 장경호 회장의 손녀. 박물관이 제 목소리를 단단히 내는 데는 그 이유가 분명함을 알겠다. 충북 음성군 감곡면의 현 박물관 자리는 고려시대 몽고군을 무찌른 철제무기 생산장 '다인철소(多仁鐵所)'가 있던 충주와 멀지 않고, 부지 마련이 그나마 어렵잖아 낙점됐다.

철박물관의 드넓은 정원에는 국내 최초의 전기로(電氣爐)와 계근대(計斤臺)를 진열했다. 쇳물을 운반하는 거대한 손잡이인 후크(hook)는 근대 유물의 대표격으로 당당하게 서 있다. 박물관 전체에 '철의 역사'에서부터 '철을 만드는 과정', '생활 속의 철', '철의 재활용', '철과 예술' 등으로 다채로운 철 이야기가 담겨 '철의 역사는 인간의 역사'임을 되돌아보게 해주었다.

"인류가 처음 사용한 철은 '운석'이다"라는, 박물관 도록을 들추다 발견한 한

조선시대 제철작업을 표현한 디오라마

쇳물을 운전하는 손잡이 후크(Hook)

문장에 기가 꺾였다. 몇 만 광년을 불타며 날아온 별똥별에서 우리의 문명이 시작되었다니. 원소기호 Fe, 원자번호 26번, 녹는점 $1,535°C$. 별들의 핵융합반응으로 생겨난 금속원소. 지구의 35%를 차지하는 주요한 원소. 적어도 철박물관을 찾기 전까지 철은 내게 그저 원소기호로만 존재했다.

오늘의 세계는 왜 불평등한 모습이 되었을까. 평화를 알리는 종소리와 잔인한 전쟁의 포성, 생명을 키워내는 쟁기와 생명을 파괴하는 칼! 역사는 철에 대한 인간의 태도를 고민하게 한다. 하지만 인류가 꿈꾸는 세상에는 언제나 철이 있었다. 철 위를 거닐고, 철에 기대고, 철 속에 머물러 살고 있지 않은가. 철은 가장 뜨거운 곳에서, 가장 강인한 정신으로 태어나 가장 오랜 역사를 만들고 가장 값진 삶을 일구었다. 그러는 사이 더 강해지고 싶은 인간의 욕망은 철을 파괴의 도구로 만들어버렸고, 철을 생산하는 과정에서 생겨난 환경오염과 지구 온난

상설전시실. 철의 탄생, 생산, 재활용 등 '철의 역사'를 알려준다.

야외전시. '전기로 제강시대'의 막을 연 국내 최초의 15톤 전기로
(1966~1980. 동국제강 부산제강소)

모루와 망치를 형상화한 박물관 앞뜰의 작품(김택기·홍지연·백승호. 2015년 작)

화는 심각한 문제로 대두되었다. 이제 과학자들은 오히려 고맙게도 철로 지구
온난화를 해소하고 화석 연료를 대체할 수 있을지 연구하고 있다.

뜨거운 용광로의 열기와 차갑고 거칠며 무겁기만 한 물성이 아련한 삶의 향기
로 변한 전시실에서는 지금까지 어디에 숨어 있었나 싶은 물건들이 옛 기억에
실려 나를 향한다. 바늘·가위·자물쇠·경첩·낫·호미·쟁기·가래·국수틀·참기름
틀·붕어빵기계·빙수기계·고드렛돌·양철냄비 등에다 단군의 셋째아들 부소(夫

야외전시. 쇳물을 담는 양동이 모양의 레이들(Ladle)과 손잡이 역할을 하는 후크

蘇)가 불을 발명했다는 신화에서 이름 붙여졌다는 부시까지. 그 틈새에서 엿장수 가위소리, 놋그릇을 '스뎅(?)그릇'으로 바꾸던 어머니의 기억이 떠올랐다. 마블의 영화 〈아이언 맨〉이 히트를 치면서 이제는 자연스러워졌지만, 다리미를 일본식 발음 '아이롱'이라 부르던 일도 생각났다.

오늘, 누구나 한 바퀴 돌아 나오면 '담금질'되어 있을 것 같은, 낡았지만 낡지 않은 철박물관을 다녀왔다. 철박물관에서는 언제나 세상일에 달아오른 마음을 스스로의 망치질로 식혀야 마땅하다. 아직도 '철기시대'이기 때문이다. 애써 만든 24쪽의 철박물관 체험지도 내공이 여간 아니다. 만일 어린이와 동행한다면 더욱 '철'들게 되는 박물관이 될 것 같다.

충북 음성 철(鐵)박물관
www.ironmuseum.or.kr

종박물관 전경 ⓒ종박물관

'생거진천'의 필연으로 세워진
충북 진천 종(鐘)박물관

충북 진천 석장리는 국내 최초, 4세기쯤으로 추정되는 고대 철 생산 유적지가
발견된 곳이다. 이런 유서로 진천 군립(郡立) 종박물관이 2005년 문을 열었고,
2012년에는 주요무형문화재 112호 주철장 원광식 장인이 지닌 기술을 일반인
들도 접하게끔 전수교육관도 개관되었다.
전시실은 '종의 탄생'으로부터 '범종의 역사', '성덕대왕신종 주조과정', '한국
종의 비밀', '세계의 종' 등으로 이어진다. 종으로 우리의 역사가 설명되고 전
통미학에 우리 과학까지 가늠할 수 있음에 놀라움이 더해진다. 한국 범종의 역
사, 소리의 신비, 합금의 비밀 등을 한자리에서 알게 되기란 쉽지 않다. 현재 남

주철장 원광식(주요무형문화재 112호)이 재현한 성덕대왕신종

아 있는 신라 종 11기 중 5기가 일본에 있는 내력, 세계의 종소리로 피치와 템포를 분석해 만든 공식에 대입해 최고의 화음값을 얻은 사연, 독특한 음통과 일정한 배열의 음향학적 설비를 갖추고 있는 우리 종의 과학성 등 우리 종의 복잡다단한 비밀을 다 알려주는 곳이 바로 이 종박물관이다.

한국종을 비롯한 동양의 종들은 밖에서 두들겨 소리를 낸다. 공기를 울려 소리를 내는 악기이기 때문이다. 대신 서양 종은 안에서 울리기 때문에 밖으로 들리는 소리가 범종보다 농밀하지 못해 마치 아우성처럼 들린다. 이처럼 종소리로 동서양의 차이를 해석할 수도 있게 된다.

범종은 소리가 완전히 사라졌다 다시 최대로 커지는 주기적인 음의 변화(맥놀이)가 계속되는데, 종의 좌우균형이 맞지 않으면 맥놀이 또한 불완전하게 된다. 그래서 종을 치면서 음의 변화가 완벽해질 때까지 종 안쪽을 깎아낸다. 물

대형 디오라마로 보여주는 전통적인 범종 주조과정 중 네 번째 단계인 '조각 끼우기' 단계

론 어디를 얼마만큼 깎아내야 완벽한 소리를 내는지 알아내는 것도 '구조진동해석'이 적용되는 '과학'이지만, 깜깜한 종 안에서 구도자의 마음으로 일승원음(一乘圓音)을 찾아내는 장인의 지혜가 놀랍기만 하다. 범종의 맨 위에는 우리 종에서만 찾아볼 수 있는 독특한 구조인 음통(音筒)이 있어 소리의 울림을 도와준다. 파루를 치니 계명산천이 밝아오고 것, 범종이 도리천을 울려 지옥중생을 깨우는 것, 과학이 이러한 범종의 신비를 낳은 셈이다. 종박물관은 그 범종을 제대로 만나볼 수 있는 곳이다.

독특한 형태와 주금술, 그리고 아름다운 소리로 명성을 떨치고 있는 우리 범종은 'Korean Bell'이라는 학명(學名)을 얻게 되었다. 용뉴에서부터 종신의 각 부분에 이르기까지 총집합된 우리 금속공예의 결정체라 할 수 있는 범종. 독일에서 온 어느 노학자는 경주의 성덕대왕신종을 보고 "이것만으로도 세계적인 박

거푸집을 땅에 묻고 비천상을 돋을새김할 거푸집을 만드는 과정

물관을 만들 수 있다"고 말했을 정도다.

30여 년 전, 나는 〈한국의 범종〉이라는 다큐멘터리를 만들면서 얻은 소중한 기억을 잊지 못한다. 새벽예불 종송(鍾頌)으로 운문사의 새벽공기를 가르던 낭랑

전시자료가 빼곡한 종박물관의 2층 전시 복도

신라종의 특징인 용두와 만파식적을 형상화한 음관을 자세히 볼 수 있다.

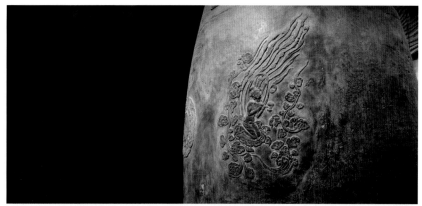
성덕대왕신종의 절정의 미학을 보여주는 비천상 부분

한 아미타경 독송, 범종소리를 녹음하느라 작대기로 무논을 치며 개구리 울음을 잠재우던 일, 한쪽 눈을 실명시킨 쇠물과 질긴 인연을 잇고 있는 원광식 장인, 천상 종쟁이 김동국 장인, 맥놀이를 정리해 성덕대왕신종 소리를 전국에 보급한 국립극장 김용국 과장, 금속공학자로서 한국의 국내의 수많은 대종의 주조를 지휘한 '종박사' 염영하 교수, 그리고 만나 뵐 때마다 "지극한 도는 눈으로 보아서는 알 수 없고, 귀로 들어서는 들을 수 없다"며 성덕대왕신종 명문을 첫머리부터 외시던 고청(古靑) 윤경렬 선생까지. '생거진천(生居鎭川)' 종박물관이라 그런지 유독 새삼스러웠다.

이곳을 찾은 분들은 '생거진천대종각'에서 고래 모양의 당목으로 대종의 음관을 크게 한번 울려보고 종박물관으로 드시길. 그리고 우리 종의 현묘한 소리를 온 가슴에 담아두시길.

충북 진천 종(鐘)박물관
www.jincheonbell.net

종에 대한 알림판으로 궁금증을 해소해 준다.

철과 종의 물성을 제대로 느껴본 시간들

하루면 너끈히 만날 수 있는 서로의 거리는 승용차로 40분, 40km 남짓. 두 박물관은 당연히 있어야 할 자리에 있었다. 우리의 '철기시대'를 담백하게 느낄 수 있는 그곳은 너무나도 당당한 모습으로 서 있었다. 누항(陋巷)의 시간을 끊임없이 되살리면서도, 다가올 미래는 더없이 아름다울 거라고 말해주는 것 같았다. 나는 그곳에서 그 아득한 쇠의 연원과, 그 쇠로 만들어 전해지는 모든 소리의 비밀로 가슴을 가득 채우고 왔으므로, 오늘부터 세상의 모든 종소리는 모두 내가 가지기로 했다.

호거산 운문사의 새벽예불

새벽종송이 주는 감동

쇠를 말하면서 범종을 이야기하고 그 이야기에서 산사의 새벽예불을 떠올리는 건 매우 자연스럽다. 도량석부터 반야심경까지 60분 남짓의 새벽예불은 소리의 대향연이다. 사물의 운판소리에 이은 종송에다 예불문으로 이어지는 소리의 장엄함은 비길 데 없는 절창이다. 특히 금고(金鼓)를 치며 장엄염불을 들려주는 새벽종송이 압권인데, 그 중에서도 청도 운문사의 종송은 그 소리가 아름답기로 정평이 나 있다. "원컨대 이 종소리 법계에 두루 퍼져, 철위산의 깊고 어두운 무간지옥 밝아지며, 지옥·아귀·축생의 고통을 모두 여의고 칼산지옥 무너뜨려, 모든 중생이 깨달음을 이루소서(願此鐘聲遍法界 鐵圍幽暗悉皆明 三途離苦破刀山 一切衆生成正覺)"로 시작되는 새벽종송은 지옥을 부수는 진언을 지나, 아미타 부처에게 귀의하는 과정을 들려준다. 이어 예불은 '원효스님의 오도송'과 '극락세계 십종장엄'으로 이어진다.

운문사의 허락을 얻어 1991년 최초로 제작한 새벽종송 영상(촬영감독 김영준 : www.youtube.com/watch?v=9YJam WysgHA&t=932s)을 보시기를 권한다.

  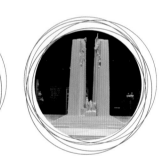 

잊을 수 없는 슬픔을 기억하는 두 가지 방식

캐나다 오타와 캐나다전쟁박물관 '무명용사의 묘'
미국 뉴욕 9/11메모리얼뮤지엄

결코 잊어서는 안 될 죽음들이 늘어난다. 잊지 말아야 한다는 결심은 그리움으로 변하고, 그 기억을 놓아버리는 건 '제2의 죽음'이라 책망하며 숙연해지는 시간, 6월이다. 오늘은 고통의 기억과 망각의 불안을 일깨우는 애달픈 박물관을 찾아간다. 사랑하는 존재의 상실, 그 아픔으로 만들어진 공간으로 들어갈 참이다. 남은 사람과 떠난 사람 모두에게 필요한 여백이랄 수 있는 공간을 경험한다는 것은 역사 속의 인간이 겪었던 아픔과 기쁨까지 모두 공감하는 행위에 다름 아닐 것이다. 또한 그 공간은 역사의 교훈뿐 아니라 인간 존재에 대해 성찰하도록 만든다.

캐나다전쟁박물관 ©Canada War Museum

언제나 그날 그때 찾아오는 햇빛
캐나다 오타와 캐나다전쟁박물관 '무명용사의 묘'

2017년, 오타와의 캐나다전쟁박물관은 다양한 전시와 프로그램으로 '비미 리지 전투(Battle of Vimy Ridge) 100주년'을 기념하고 있었다. 제1차 세계대전 당시 연합군의 일원으로 참가한 캐나다 군대가 프랑스 비미 리지에 참전해 승리한 것을 기념하는 특별전이다. 당시 캐나다 참전 용사들은 전략 요충지 비미 능선을 독일군으로부터 탈환하는 데 성공한다. 이 전투에서 영국연방 최초로 참전해 장렬하게 전사한 이들의 대부분은 10대 후반에서 20대 초반의 청년들이었다. 사흘 동안의 전투에서 3,600명이 전사했고 7,000여 명이 부상을 입었

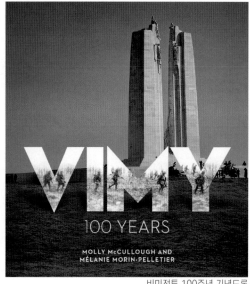

조각상 '정의(Justice)'

비미전투 100주년 기념도록

다. 이 같은 희생으로 얻은 전공 덕분에 캐나다는 제1차 세계대전이 끝날 때 조
약의 서명국으로 참가할 수 있었다. 비미가 '세계 속에서 캐나다가 탄생한 장
소'라 평가 받는 이유다.

1922년 12월, 프랑스 정부는 그 땅 비미에 캐나다 전사자를 위한 추모공간
을 기꺼이 내주었다. 1936년 11년간의 작업 끝에 캐나다 조각가 월터 올워드
(Walter Seymour Allward)가 제작한 비미 기념비가 세워졌다. '캐나다가 쓰러
진 아들들을 애도한다'는 상징적 의미를 지닌 여신풍의 조각상 '정의(Justice)'
가 전형적인 마터 돌로로사(상복을 입은 성모 마리아)의 모습으로 자신의 이마
를 칼자루에 기대고 서 있고, 벽면에 캐나다 전사자의 이름이 빼곡하게 새겨진
이 기념비는 세계적인 전쟁기념물로 명성이 높다.

하지만 비미를 기억한다면 쉽게 지나쳐버릴 수 없는 놀라운 추모공간이 캐나

11월 11일 낮 11시, 무명용사의 묘비에 비치는 햇빛 ⓒCanadian War Museum

다전쟁박물관에 있다. 차분한 추모와 성찰을 위한 장소로 알려진 '메모리얼 홀'이다. 미니멀리즘 스타일의 인테리어와 은은한 조명으로 이루어진 이 공간은 좁고 경사진 회랑으로 이어져 있는데 전시물이라곤 딱 하나, 제1차 세계대전 당시 목숨을 잃은 무명용사의 묘비 1기뿐이다. 하지만 그 앞에 선 관객의 가슴에는 압도적인 규모의 피라미드나 인류사에 굵은 족적을 남긴 영웅의 무덤 앞에 선 것보다 더 웅장한 감동이 서늘하게 울려온다.

11월 11일은 캐나다의 현충일인 리멤버런스 데이(Remembrance Day)다. 제1차 세계대전이 끝난 1918년 11월 11일을 기리는 의미에서 정해진 날이다. 공식적으로 교전이 종식된 시간인 오전 11시가 되면 이곳 메모리얼 홀의 높은 창문을 통해 흘러들어온 햇살이 홀로 놓인 무명용사의 묘비를 따스하게 어루만진다. 이 묘비는 프랑스와 벨기에의 들판에 남겨진 캐나다 병사 6,846명 중

무명용사의 묘비 앞에 모인 방문객들 ⓒCanadian War Museum

캐나다전쟁박물관에 재현된 비미전투 기념비

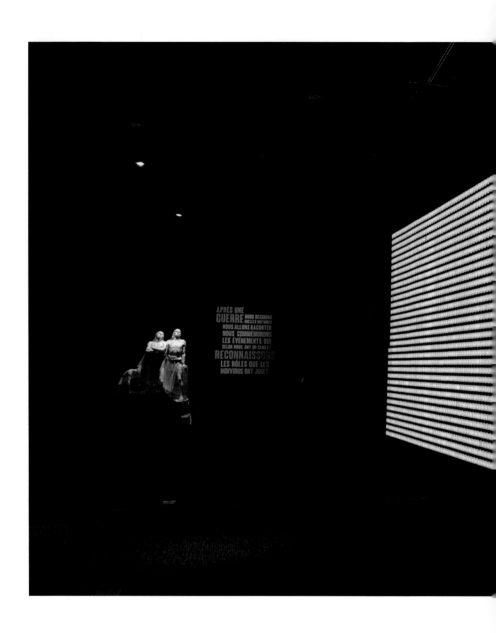

APRÈS UNE
GUERRE, NOUS DÉCIDONS
QUELLES HISTOIRES
NOUS ALLONS RACONTER
NOUS COMMÉMORONS
LES ÉVÉNEMENTS QUI
SELON NOUS ONT UN SENS ET
RECONNAISSONS
LES RÔLES QUE LES
INDIVIDUS ONT JOUÉS

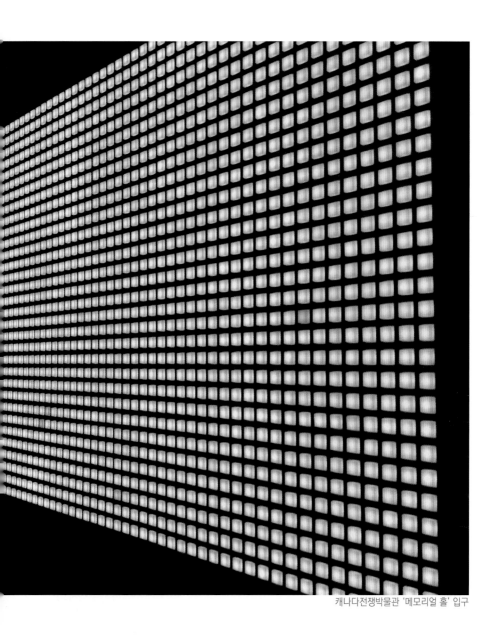

캐나다전쟁박물관 '메모리얼 홀' 입구

무명용사의 묘비

한 사람의 것이다. 그것이 비미 리지 인근 카바레루즈 묘지로 옮겨졌다가 지난 2000년 이 캐나다전쟁박물관으로 왔다.

캐나다는 여러 전쟁을 통해 수많은 인명 피해를 입었고, 캐나다 국민들은 전장에서 스러져간 안타까운 생명을 마땅히 추모하고 가슴속 깊이 기억하고 있다. 태양계의 궤도가 교란되지 않는 한 11월 11일 11시의 그 햇빛은 영원히 그곳을 비추게 될 거라는 믿음이 놀라웠다.

1953년부터 1981년까지 한국의 고등학교 국어교과서에 명문(名文)으로 기억되던 안톤 슈나크(Anton Schnack, 1892-1973)의 수필 「우리를 슬프게 하는 것들」의 "정원의 한 모퉁이에서 발견된 작은 새의 시체 위에 초가을의 따사로운 햇빛이 떨어져 있을 때, 대체로 가을은 우리를 슬프게 한다"는 구절을 문득 생각했다. 죽은 새를 비추는 초추(初秋)의 양광(陽光)과 무명용사의 묘비를 비추는 햇빛이 다를 바 없음을 알겠다. '인간은 망각의 동물'이라는 말이 있듯 우리는 너무나 쉽게 지난 시대의 상처를 잊어버리고 있는 건 아닐까. 이곳 전쟁박물관에 들어온 모든 관람객들은 이 묘비 앞에서 한층 숙연해진 자세로 스스로를 돌아보는 기회를 갖게 될 것이다.

전쟁박물관을 나오면 박물관의 건물 지붕이 제1차 세계대전에서 사망한 6만여 명의 병사를 기리기 위해 제작된 국회의사당의 '평화의 탑'을 향해 경사면을 이루고 있음을 확인할 수 있다. 혹시 모스 부호를 아는 사람이라면 창문의 배열이 영어와 프랑스어로 'Lest we forget(잊지 않기 위하여)'을 의미한다는 사실까지 알 수 있다. 이렇게 끝까지 기억하고, 기억하고, 기억하는 것이다.

캐나다 오타와 캐나다전쟁박물관
www.warmuseum.ca

추모공원 '부재의 반추(Reflecting Absence)'

'인간의 존재감'이 드러나는 현장
미국 뉴욕 9/11메모리얼박물관

삼풍백화점, 성수대교 사고를 지켜봤던 나에게 9/11 뉴욕 테러는 또 하나 망
연자실의 기억으로 새겨져 있다. 그게 어디 나뿐이랴. 2,977명의 희생자를 낸
2001년 9월 11일의 뉴욕 테러는 전 세계인의 기억 속에 생생하게 남은 사건
일 것이다. 이제 그것은 9/11메모리얼박물관에서 '그리워하고 기억하는 현
장'으로 남아 사람들을 맞고 있다. 사건의 순간을 전 세계가 동시에 인식한 전
례 없는 현장. 그곳에는 사람들이 들려주고, 그들이 감싸고 있던 이야기로 가
득했다.

어느 날 우연히 테드(TED)를 통해, 제이크 바튼(전시기획자. 미 '로컬 프로젝

트'사 대표)의 짧은 강의를 보았다. 늘 새로운 아이디어로 세상을 놀라게 하는 사람이다. 그가 주도한 '역사를 만들다'라는 프로젝트 이야기는 9/11메모리얼 박물관에서는 알 수 없었던 전시기법에 대한 몇 가지 의문을 풀어주었다.

그는 '우리는 기억합니다'라는 '열린 전시관'을 입구로 삼아 시간을 거슬러오를 수 있게 해 실제 그 당시를 느낄 수 있게 만들었다. 어둡고 긴 회랑을 지나는 동안 누군가가 말해 주는 역사를 '듣는 박물관'으로 만들고자, 현장 근처에서 테러를 목격한 417명의 증언으로 '오디오 태피스트리'를 만들었다. 이것은 사건 발생 24시간 동안 10억 명의 사람들에게 엄청난 비극이 전해졌다는 것을 상기시킨다. 역사란 과거의 목소리를 듣는 알음알이라는 말이 문득 떠올랐다. 회랑을 빠져나오면, 로마의 시인 베르길리우스의 서사시 『아이네이스(Aeneis)』의 한 구절이 떠난 자들을 위로한다. "시간이 지날지라도 그대들이 기억에서 지워지는 날은 결코 오지 않을 것이다."

9/11메모리얼뮤지엄 내부. 건물 잔해를 벽으로 옮겨놓았다.

박물관을 나오면 2011년 9월 11일 개장된 '9/11메모리얼파크'가 있다. 5,000:1의 경쟁을 뚫고 당선작으로 선정된 작품 〈부재의 반추(Reflecting Absence)〉가 우리를 맞는다. 쌍둥이빌딩이 서 있던 자리에 설치된 조형물인 2개의 폭포에서는 엄청난 양의 물이 쏟아져 내린다. 테러로 희생된 이들의 유가족과 미국인의 눈물을 상징한다고 한다. 그 외곽을 희생자들과 순직한 이들의 이름을 새겨놓은 청동판이 둘러싸고 있다.

이스라엘 출신 건축자 마이클 아라드는 그 이름들을 차별이나 구획 없는 사회적 관계로 보이게 해 '이유 있는 침묵'을 드러냈다. 남은 자의 기억으로 떠난 자의 사회적 관계를 표현하다니. 얼핏 보기에는 기존 알파벳 순서를 파괴한 배열인 듯하지만, 사실은 서로 인연이 있던 희생자들끼리, 가족끼리 혹은 같은 직장에 출근해 얼굴을 마주하던 사람들이 주위에 배치되어 있다.

알고리즘을 만들고 엄청난 양의 자료를 입력해서 서로 다른 이름을 모두 연결

박물관에 새겨진 로마의 서사시 한 구절 '기억에서 지워지는 날은 결코 오지 않을 것이다'

지었다. 그렇게 서로 아무런 상관도 없던 것 같은, 익명이었던 이름들이 하나하나의 삶으로 현실화된다. "너를 버리고 떠나지 않겠다"고 한 사장과 직원의 이름이 나란히 새겨져 있는 이유가 바로 그것이다. 3,000여 명의 이름들이 사회적 관계로 배열되어 있는 것이다. 많은 친구들과 사랑하는 사람들의 바람으로 이러한 연관성을 반영하기 위해 폭포 가장자리에 의미 있는 이름들을 배열했다.

죽은 자의 흔적이 산 자의 기억과 이어진 9/11메모리얼박물관. 나는 그곳을 들어서면서부터 어떤 느낌의 울컥거림 때문에 관람 내내 힘이 들었다. 이곳을 '월드 트라우마 센터(World Trauma Center)'로 생각하는 못난 사람들에게 『월스트리트 저널』이 '사람 사이의 관계로 가득 차 있는 박물관'이라고 평한 까닭을 애써 가르쳐주고 싶었다.

미국 뉴욕 9/11메모리얼뮤지엄
www.911memorial.org

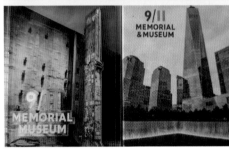

9/11메모리얼뮤지엄 내부(위)
뮤지엄 건축물 형태를 새겨넣어 만든 기념품들(옆)

인간적인 방법으로 인간을 기억하는 일

어떤 개인에게는 자신이 겪은 전쟁이나 테러 같은 경험을 기억하라고 하는 것
자체로 또다른 고통을 안겨주는 일이 될 수도 있다. 그러나 인류는 스스로 행한
가학의 경험을 끝없이 되살리며 그것이 주는 교훈을 얻고 그로부터 거듭날 인
류사를 성찰해 왔다. 두 박물관은 이러한 과정을 사람 사이의 관계에 주목해 풀
어내면서 거기서 놀랍도록 인간적인 방법이 나왔음을 알게 해준다.

서울연합 대구피난중학교의 존재
가슴 먹먹한 마종기의 '피난길'

기획전 포스터

마종기 시인이 스크랩
해 둔 그의 시 '피난길'

1950년 전쟁이 나고 1951년 1·4 후퇴 이후 많은 피난민이 대구로 몰려들었다. 대구에 피난 중이던 서울시 교육관계자들이 그해 봄부터 부산에서 피난학교들이 속속 개설된다는 소식에 자극을 받아, 경상북도의 적극적인 협조을 얻어 '서울피난 대구연합중학교'를 개설하게 된다. '화합 성실 활달 강의(和合 誠實 闊達 剛毅)'를 교훈으로 1951년 9월 20일 개교해서 1954년 3월 31일 폐교한 이 긴 이름의 학교에서 서울 등에서 피난 온 2,830명의 학생들이 학업을 이었다.

나는 여기서 전쟁 속에서도 교육을 중단하지 않은 '대구 교육의 힘'을 본다. 2018년 6월, 개관 기념으로 마련한 '한국전쟁, 대구피난학교-전쟁 속의 아이들'이라는 대구교육박물관 특별전 또한 슬픔을 기억하는 또 하나의 방식이리라. 조지훈 시인이 작사한 당시 교가도 복원했으며, 미국에 거주하는 마종기 시인이 스크랩해 둔 자작시 「피난길」도 전시했다. 이 전시는 절망의 시간을 토해내는 70년 전의 기억들로 보는 이들의 가슴을 먹먹하게 해 '6·25를 바라보는 제3의 눈'이라 평가받았다.

한 시절의 꿈을 저미듯 기억하는 '레트로'

강원 정선 '추억의 박물관'
일본 분고타카다 쇼와노마치

레트로(Retro). 회상, 추억이라는 뜻의 영어 'Retrospect'의 준말이다. '복고(復古)'로 번역되기도 하니 '오래된 것을 되돌리다'라는 뜻이 되기도 한다. 이 말이 요즘 '옛날의 상태로 돌아가거나 과거를 그리워하여 본뜨려고 하는 것'으로 쓰이기도 하지만 이를 적극적으로 이해할 수도 있다. 즉, 단순히 옛것에 대한 향수 때문에 과거의 것을 그대로 사용하는 것이 아니라 현대적 감성에 맞는 새로운 의미와 가치를 창조한다는 의미다. 현대문명에서 느껴지는 속도감의 불안 대신 친숙함과 편안함을 느낄 수 있는 좋은 장치라고 이해할 수도 있다. 오늘은 고현학(考現學)의 다리를 지나 '레트로' 박물관 속으로 곧장 걸어가볼 참이다.

2017년 개관한 '추억의 박물관'. 별아해 로고가 정겹다.

추억 속에서 신인류가 되어보는 곳
강원 정선 '추억의 박물관'

정선 '추억의 박물관'의 진용선 관장을 찾아가는 길은 아라리 가락처럼 아련했다. 독일문학을 전공한 그가 '고향으로 돌아가라'는 독일문화운동에서 용기를 얻어 귀향한다고 했을 때, 많은 이들이 그를 고향으로 불러들인 건 '그리움'이라고들 했다. 그리움이 아리랑이 되고, 거기에 역사와 추억이 스며들어 묘한 화학작용을 일으킨 곳이 그의 고향 정선이다. 정선에서는 추억으로든 아리랑으로든 진용선 관장을 떠올리지 않을 수 없지만, 오늘은 아리랑을 애써 걷어낸 그의 맨얼굴을 만나러 가는 길이라 조금은 헛헛했다.

'추억의 박물관'의 시작은 2004년 12월 정선군 신동읍 방제리 매화분교 자리에 문을 연 정선아리랑학교에 다목적 문화공간이 생기면서부터였다. '딱지와 삐라의 추억', '노래책으로 본 역사', '한국전쟁과 아리랑' 등 솔깃한 느낌의 전시물, 독특한 주제의 기획전, 갖가지 공연 등으로 일찌감치 지역명소가 되었다. 그곳 정선군 신동읍 일대를 한국 석탄산업의 출발지로 삼은 시절부터 탄광 개발로 전국에서 사람들이 몰려들던 좋은 시절에 이어 그 이후 폐광에 이르는 시기까지의 연대기도 놓치지 않았다.

지금의 자리로 옮겨온 것은 2017년 4월이다. 이곳 역시 1990년대 초반까지 석탄산업으로 풍요를 누리던 함백역 근처 안경다리 마을이다. 지상 2층의 새 건물이 새로운 추억을 쌓아가겠다는 듯 산뜻하다. 강원도 최초의 근현대사박물관으로 짊어질 책임감도 만만치 않을 것이다. 이전 기념으로 마련한 '함백역,

60년의 기록 특별전'도 잔잔한 감동을 전하고 있다. 1957년에 개역한 뒤 50여
년의 역사를 지닌 함백역 복원을 위해 애쓰던 그가 당연히 해야 할 전시회였
다. 한밤중에 내려도 '하나도 무섭지 않던' 함백역에 대한 추억을 한데 모았다.
안경다리 마을이 예전 탄광촌과 광부들의 삶의 현장으로 재현, 복원되고 있는
상태여서 함백의 역사가 녹아 있는 이곳 '추억의 박물관'은 더욱 주목을 받게
될 것이다.

진 관장은 '추억의 박물관'을 '가난한 시대에 억척스러운 희망을 품었던 곳'으로 만들고 싶었을 것이다. 레트로니 아날로그니 이런 말들은 사치일지도 모른다. 흘러간 옛 노래라고 하기엔 '추억의 박물관'은 너무도 생생하게 빛났다. 그는 우리 삶에 깊이 숨은 시간의 흔적을 실감나게 재현해 내는 중이었다. 그 마중물은 정선아리랑연구소와 아리랑아카이브가 소장한 1만여 점의 자료다. 전시실은 '대한제국의 몰락과 일본의 식민통치', '해방과 한국전쟁', '5·16정변

진용선 관장이 직접 꾸민 추억의 공부방

시기와 1970년대', '대중잡지와 만화', '학창시절의 추억' 등으로 구성되어 '자칫하면 사라질' 역사기록물의 가치와 소중함을 알게 한다. 향수를 불러일으켜 열린 문화공간이 되겠다는 생각이 든든하기 그지없다. 문화유산을 기억하고 체험하는 명소가 되겠다는 생각 또한 마찬가지다.

'추억의 박물관'은 별+아이의 합성어 '별아해'를 상징으로 해 로고도 만들었다. 한국인의 마음속에는 언제나 꿈과 추억의 별이 빛나고 있다는 의미다. 그것 또한 방문객에게 따뜻한 감동으로 이어지리라. 그동안 아리랑학교 교육프로그램 '동네야 놀자'로 지역문화의 원형을 찾고, 박물관에 대한 지역의 관심을 꾸준히 높여왔다. 철저한 아날로그로서 포털사이트가 선정한 '가보고 싶은 박물관' 3위에 오른 것도 놀라운 일이 아닐 수 없다. 수요가 있다는 방증 아닌가.

'호모 아리랑쿠스'. 아리랑연구소 소장이자 아리랑박물관 관장이며, '추억의 박

작은 전시공간이지만 손수 만든 솜씨가 인상적이다.

물관' 관장인 진용선 관장을 나는 그렇게 부른다. 아리랑으로 그를 기억하는 편이 더 쉬웠기 때문일 것이다. 그리움은 우리의 옛날을 소환하는 멋진 장치이고, 그는 고향땅에서 아리랑으로 그리움을 쌓는 부단한 노력을 기울여왔으니, 그와 함께 추억 속의 신인류(新人類)가 되어보는 것도 나쁘지는 않을 것이다. 돌아오면서 그를 고향으로 부른 '그리움'을 다시 기억했다. 멀리 끝 간 데 모르는 소중한 인연길이 보인다.

＊ '추억의 박물관'은 2019년 12월 31일부로 문을 닫았다.

강원 정선 '추억의 박물관'
www.ararian.com

'레트로' 느낌의 '쇼와로망구라' 입구

시간의 향수를 파는 곳
일본 분고타카다 쇼와노마치

시간이 멈춘 마을, 일본 오이타현 분고타카다(豊後高田). 에도시대부터 쇼와 30년대까지 구니사키 반도에서 가장 번성한 곳이었지만 이제는 1950년대 옛 건물을 그대로 쓰고 있는 한 지방도시일 뿐이다. 하지만 그곳의 쇼와노마치(昭和の町)는 '옛 정취가 그리울 때 꼭 한 번 가봐야 할 마을'로 꼽히고 있다. 그곳이 쇼와시대(1926~1989) 당시의 활기가 살아있는 따뜻하고 정겨운 마을로 다시 태어났기 때문이다.

후쿠오카에서 JR닛포혼센(JR日豊本線)으로 2시간 남짓, 마을 어귀 낡은 버스

재현된 1950년대 상점가

터미널과 조그만 대합실, 흑백 사진 속 빛바랜 추억으로 남은 건물들이 지난 반 세기 동안 쇠락만 거듭하던 이 마을의 모습을 고스란히 보여준다. 실제로 일본 에서 가장 낙후된 도시로 꼽힐 만큼 미래가 어두웠던 이 마을은 "언제 사라질 지 모른다"는 불안감에서 마을의 회생을 논의하기 시작했다.

창고건물 안쪽에 옛 마을의 모습이 재현되어 있다.

빛바랜 마을의 모습을 그대로 보여주기로 하고, 수리할 필요도 없이 '일부러 낡아 보이게' 1950년대 느낌을 재연해 보자고 뜻을 모았다. 도심재생의 첫 방아쇠가 당겨지는 순간이었다. 처음엔 9개 상점으로 출발했지만, 이후 40개 이상의 상점이 추가로 뜻을 함께하면서 550m 길이의 복고풍 거리가 완성되었다. 여기 와보면, 도시재생을 오직 '리모델링'이라 생각하는 사람들의 선입견은 여지없이 깨어진다. 그동안 우리가 많이 보고 엄청 실망했던, 추억을 어설프게 강요하는 우리 지역의 볼거리와는 아주 많이 다르다. 마을 전체가 박물관이라 해도 손색이 없다. 그 거리에서 압권은 단연 '쇼와로만구라'와 '다가시야노유메박물관'이다.

쇼와로만구라(昭和ロマン蔵)는 1900년대 초에 세워진 쌀창고를 리노베이션한 박물관이다. 1900년대 초부터 1950년대까지의 생활상이 재현되어 있어 그 시

절 일본을 찾아온 것 같은 기분을 맛볼 수 있다. 20세기 초 노무라 가문이 세운 창고 건물을 6,000만 엔을 들여 수리한 후 1950~60년대 생활용품과 완구 등을 모아놓았다. 당시의 갖가지 장난감에서부터 민가와 상점·교실 등이 재현되어 있다. 오이타현의 특산품을 맘껏 즐길 수 있는 레스토랑 '슌샤이(旬彩)'도 전혀 어색하지 않게 자리 잡고 있다.

다가시야노유메박물관(駄菓子屋の夢博物館)도 추억 살리기에 단단히 한몫을 한다. 다가시(駄菓子, 불량과자)가 넘치지만 유해식품이라는 이미지보다는 추억을 되살리는 아주 멋진 장치로 여겨진다. 이곳에는 후쿠오카 출신 수집가 고미야 씨가 평생에 걸쳐 모은 30만 점의 수집품 중 약 6만 점이 전시되어 있다.

'레트로+아날로그'만으로 유명한 관광지가 되기란 쉽지 않다. 마을의 역사성과 주민들의 의지가 어느 한쪽으로 치우치지 않아야 한다는 건 말할 필요도 없

뜻을 같이한 마을사람 40명을 소개한 '인물도감'

다. 뼈를 깎는 노력이 있었을 것이다. 그걸 증명하듯 진심이 담긴 '쇼와노마치 인물도감'이라는 큰 패널이 눈에 띄었다. 함께 시작한 40명의 가게주인들이 기증한 생활소품들과 밝은 얼굴로 마을과 가게에 대한 애정을 표현한 짧은 말들을 모아둔 전시물이다. '옛 맛의 가치를 지키는 우리집', '정겨운 거리에서 문득 발길을 멈추고 한 손에 커피를 들고 얘기하는 가게'. 이 마을 프로젝트가 성공한 이유를 알게 되었다.

원작에 비해 아쉬웠다는 평을 듣긴 했지만, 한국에서도 스테디셀러가 된 히가시노 게이고의 장편소설 『나미야 잡화점의 기적』이 이곳을 배경으로 영화화되면서 큰 화제를 모았다. 세트가 보존되면서 따뜻한 온기가 느껴지는 작품 속의 기적이 이 마을에도 찾아온 것이다.

쇼와노마치에서는 각 점포마다 자기 가게의 역사를 알려주는 보물을 하나씩

'본네트 버스'를 보고 있는 방문객들

전시해 두는 '한 점포 한 상품' 캠페인을 펼치고 있다. 고풍스러운 간판이 나란히 늘어선 거리를 산책하고 있으면 쇼와시대로의 시간여행을 실감하게 된다. 주말에는 그 시절 일본 전역을 달리던 '본네트 버스'라는 레트로 버스를 무료로 탈 수 있다.

일본 분고타카다 쇼와노마치(昭和の町)
www.showanomachi.com

쇼와노마치 전시관 외관

망각이 화두가 된 디지털시대의 역사

5G에도 조급해하는 시대가 되면서 아날로그에 대한 관심이 점점 늘어나고 있다. 낡은 필름 카메라와 빛바랜 LP 음반을 찾는 사람들. 이 무슨 번거롭고 고집스러운 일인가 싶지만 누군가에겐 삶의 의미를 찾는 과정이자 낭만 그 자체일 것이다. 디지털에 둘러싸여 오히려 낯설어진, 그래서 다시 새로워진 게 바로 아날로그다. 어떤 것을 '레트로하다'고 말할 때, 그것은 모방일까 재창조일까.

망각이 화두가 된 디지털시대에 역사가 존재하는 까닭은 미래를 만들 지혜를 통찰하기 위함이 아닐까. 오늘, 두 박물관 이야기를 전하면서, 가벼운 추억의 이름으로도, 그리 아프지 않은 역사의 이름으로도 벅찬 미래를 상상할 수 있게 되는 작은 기적을 보여주고 싶었다.

영화 〈나미야 잡화점의 기적〉 촬영지

절망 속의 빛난 희망을 만나는 이야기

영화 〈나미야 잡화점의 기적〉 포스터

지금도 남아있는 영화촬영현장

추리작가 히가시노 게이고의 장편소설 『나미야 잡화점의 기적』은 2011년 4월부터 12월까지 월간지 『야성시대』에 연재되었고 이듬해 3월 출간돼 이내 베스트셀러가 되었다. 30년간 비어 있던 나미야 잡화점에 숨어든 3인조 도둑이 과거로부터 온 편지에 답장을 보내면서 벌어지는 기적 같은 일을 그린 작품이다. 이 소설은 2017년 영화로 제작되어 130분이라는 시간에 뛰어난 영화적 기법과 배우들의 열연, 감성적인 OST로 화제를 모았다. 국내에서는 2018년 2월 개봉했다.

영화의 전체 분위기를 책임지는 잡화점의 변화를 완벽하게 표현하기 위해 제작진은 일본 분고타카다에 실제 세트를 지었고, 과거에서부터 시간의 흐름을 따라가며 주무대인 쇼와노마치 외에도 오자키 해안, 마타마 해안, 분고타카다 중앙병원 등에서 촬영했다. 쇼와노마치 한쪽에 재현된 그 현장이 그대로 남아 추억의 독자들을 다시 부르고 있다.

말없이 본마음 내보이고 그 마음 다시 여미는 그대

강원 원주 명주사 고판화박물관
경남 함양 이산책판박물관

'기억하기 위해 기록한다'는 말에서 '역사'라는 관념이 시작되는 것은 아닐까. 그 기억을 잊지 않으려는 마음으로 이어지며 갈수록 그 이름값을 더하는 것이 역사 아닐까. 역사란 기록되고, 보존되고, 재현되는 것이다. 그래서인지 '역사적 사명'이라는 말에는 누구나 숙연해진다. 모든 인연이 그 속에 있다는 말이므로, 가늠키 어려운 무게감이 느껴지는 것은 당연할 것이다. 오늘, 더위를 뚫고 치악산과 덕유산 끝자락으로 내달린 덕에 운 좋게 만난 두 박물관이 스스로 품은 역사로 맡은 바 제 몫을 다하고 있음을 전하려 한다.

감악산을 마주보는 고판화박물관 전경. 먹솔을 박물관의 상징으로 삼았다.

진리는 역사인가 예술인가
강원 원주 명주사 고판화박물관

강원도 원주시 신림면. 치악산을 바라보며 달리다 꺾어져 좁은 산길로 접어들어 올라서면 닿는 곳, 해발 600m 높이의 아늑한 터에 명주사가 있다. 저 멀리 감악산을 마주하고 뒤로 치악산 매봉을 두른 절집이 눈에 들어오는 순간 벌써 마음자리가 편안하다.

1998년 창건이니 불과 20년 남짓, 그래서일까? 대웅전과 경내 석탑, 그리고 불상들이 서로 친구같이 잘 어우러진 이 절집은 전통의 굴레를 훌훌 털어버린 듯 너와지붕을 머리에 이고 있다. 게다가 동서양 고판화 수천 점을 소장한 우리나

고판화박물관 소장품인 '대방광불화엄경' 변상도 목판본

라 유일의 고판화박물관이 여기에 있다. '치악산 명주사 고판화박물관', 친숙한 분위기의 로고는 유명 판화가 이철수의 솜씨이다.

불교미술을 전공한 것도 모자라 최근 한양대에서 박물관교육학 박사학위까지 받은 명주사 주지이자 고판화박물관 관장인 한선학(韓禪學) 스님의 열정이 사찰과 박물관 구석구석을 달구고 있다. 전 세계를 다니며 부처님 말씀이 어디 버려져 있지는 않은지, 땔감이나 장신구함 따위로 변해 버리지는 않았는지 살펴오다 차츰 눈이 밝아졌다. 이젠 세상 속으로 들어가 사문(沙門)의 신념을 실천하는 현장을 진두지휘하게 됐다.

2004년 처음 문을 열어 이제 연간 1만여 명이 찾는 이곳은 한국은 물론 인도·일본·중국·몽골·티벳·네팔에서 가져온 고판화, 목판인쇄 서적, 판화 등 2,500여 점 소장품으로 한국 최대 판화박물관을 굳건히 지탱하고 있다. 고려시대 때

티벳 목판화 나한도(羅漢圖) 인출본(고판화박물관 소장)

일본 교토 지온인(知恩院)이 소장한 '오백나한도'를 모본으로 만든 일본 목판화 인출본 (고판화박물관 소장)

제작된 화엄경 변상도(變相圖) 목판, 갖가지 문양을 찍어내던 능화판(菱花板), 편지지에 난초·파초·수선화 무늬를 찍던 시전지(詩箋紙)판, 새해 아침에 붙이던 호작도(虎雀圖) 목판, 목판 삽화가 실린 서적 등 다양한 유물들이 중국·일본·티벳·몽골의 고판화와 함께 전시되어 서로 어떻게 영향을 주고받았는지 비교해 볼 수 있게 한다.

정교함이 동판화의 세밀함을 능가하는 티벳의 나한도, 퇴계 선생의 '성학십도' 목판각과 왕실잔치 기록인 '진찬의계(進饌儀軌)' 목판각 등은 박물관이 손꼽는 문화재급 소장품이다. 일본 교토 지온인(知恩院) 소장의 고려 불화 '오백나한도'를 모본으로 19세기에 만든 걸로 추정되는 일본 목판화 초판 인출본 또한 오백나한과 산수가 함께 표현된 보기 드문 예이기에 놓쳐서는 안 된다.

개방형 수장고 형태의 전시실

해설 중인 한선학 관장

관람객들은 그저 보는 데서 나아가 판화감상에 판화 만들기 체험도 할 수 있고 스님과 함께 차를 마시며 판화에 얽힌 이야기까지 들을 수 있다. 고판화를 모으게 된 사연을 묻는 말에 스님은 "유물도 생명이 있어서 자신을 사랑하는 사람에게 오게 되어 있다"로 대답한다. 이어 "집착이 없다면 버림의 의미도 모르는 것"이니 "집착과 희열을 나눔과 보시로 바꾸려는 것"이라 했다.

스님은 "유물이 지닌 수많은 이야기에 귀 기울이면 전통에 뿌리가 닿은 새로운 이야기를 엮어낼 수 있어 박물관과 친해진다"며, 방문객들에게 망가진 유물 하나를 보여준다. 현존하는 가장 오래된 목판인 조선시대 정조 때의 〈오륜행실도〉 목판이 '일제강점기에 화로로 만들어 쓰느라 훼손돼' 구두닦이 통처럼 되어 있었다. '참다운 인생을 살며 태평성대를 염원'했던 정조 임금의 간절한 뜻

전시장 정면에 동학혁명 당시의 태극기 목판과 인출본이 보인다.

이 이렇게도 엉망이 되어버린 것이다.

박물관을 벗하는 것은 종교에 다가가는 것과 결코 다르지 않음을 알겠다. 신해행증(信解行證)의 경계를 열고 넘어가야 하는 것 아닌가. 그 문턱마다 들려오는 질문들을 기억한다. 믿음이 열쇠인가, 지혜가 열쇠인가. 고판화박물관에서 그 답을 찾을 수 있기를 권한다.

강원 원주 명주사 고판화박물관
www.gopanhwa.com/
museum

이산책판박물관

인연을 잇는 나무와 칼의 명상처
경남 함양 이산책판박물관

무주의 덕유산이 상상 이상의 절경을 품고 이곳까지 뻗어 있는 줄 몰랐다. 한때 넘치는 젊은 패기를 주체 못해 떠난 한 장인이 남덕유산 자락 함양 땅으로 20년 만에 돌아와 박물관 하나를 지어놓았다. 한국 기록문화에 획기적인 변화를 일으킨 책판(冊版)을 연구하고 복원하기 위해 2014년 10월에 개관한 국내 유일의 책판박물관 '이산책판박물관'이다. 이산(以山) 안준영 관장이 직접 복원한 무구정광대다라니경(無垢淨光大陀羅尼經), 고려대장경, 훈민정음 언해본, 훈민정음으로 기록된 최초의 문헌인 용비어천가 등 문화재급 책판 약 1,000여 점

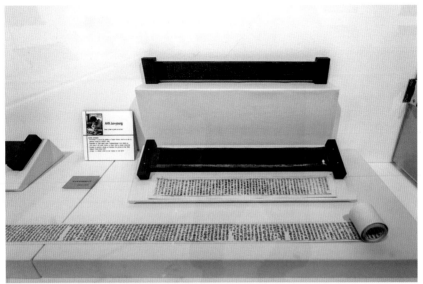

'무구정광대다라니경' 복원 인출본

과 함께 고서 표지를 장식하는 능화판·고판화·고서(古書)·민화·시전지·제작 도구 등을 만나볼 수 있는 곳이다.

목판에 글자를 새겨 책을 인출하기 위해 만든 판목(板木)인 책판에는 경전을 찍기 위한 경판(經板), 사서삼경을 찍기 위한 경서판(經書板), 다라니를 찍기 위한 다라니판(陀羅尼板) 등이 있고, 그 외에도 글씨를 찍기 위한 판목인 서판(書板)과 그림을 찍기 위한 판목인 도판(圖板)이 있다. 책판 외에도 수장고와 복원실·교육실·전시실 등이 잘 갖춰져서 책판문화에 관심 있는 사람들이 관람을 넘어 전통 인쇄문화에 대해 경험하고 많은 지식을 얻어갈 수 있다.

안 관장은 자신을 이렇게 정의했다. "그림을 새기는 사람은 목판화가, 글씨를 새기는 사람은 목판각가로 나누어서 지칭하는 경우가 많습니다. 저는 목판서화가입니다."

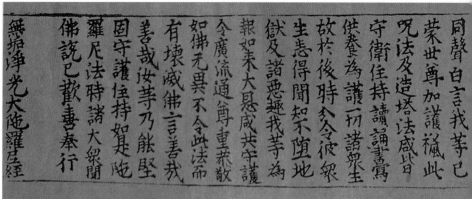

안준영 관장이 복원한 '무구정광대다라니경' 인출본

안 관장이 복원한 '어제비장전'(대구 부인사 소장) 부분

뒤집어진 허공을 파내야 온전한 글씨가 드러나 보이는 판각의 이치. 감춰진 획들을 심안으로 찾아내는 돋을새김을 하고, 돌아누운 글씨들이 먹물을 머금고 마침내 종이 위에서 반듯하게 눈뜨기까지 상상을 초월하는 수고로움을 그는 잘 알고 있다. 인본(印本)으로 전해오는 것을 다시금 피가 돌게 만드는 작업은 새로운 창작과 다를 바가 없다는 것까지. 그는 "역사를 되살리고 조상의 지혜를 잇는 뜻깊은 작업"이라며 치목에다 판각·마구리쇠·먹물제조·종이·인경에 이르는 일련의 공정을 '도 닦듯' 해내고 있었다.

그냥 목판에 칼을 갖다 댄다고 글씨나 그림이 되는 건 아니다. 각판의 특징과 판식을 분석하면서 칼을 밀어내는 추각법, 칼을 당기는 인각법, 산맥의 준봉을 이어가듯 깊고 얕게 파내는 타각법, 그 어느 방법이든 결코 책판에 담겨질 진리를 훼손하지 않는다. 새벽 3·4시경 일어나 향을 사르며 시작하는, 수행에 다름 없는 그의 일과는 "글자를 새기는 게 아니라 부처님 말씀을 한 자(字) 얻는 거"라며 이름 모를 당시의 각수와 대화하듯 환희심을 낸다.

그가 가장 자부심을 갖는 작품 가운데 하나가 바로 고려초조대장경의 '어제비

장전 변상도(御製祕藏全 變相圖)' 복원품이다. 각수의 기운이 절정에 오른 듯 그 유려함을 어디에도 비길 데 없이 그의 마음에 꼭 들게 된 이 복원은 초조대장경 조성 천년을 기념하는 작업이기도 했다. 지금은 1232년 몽골군 침략으로 초조 대장경이 소실된 사찰인 대구 팔공산 부인사에 봉안되었다.

이산책판박물관은 책판 복원에 몰두하고 있는 안 관장과, 그와 뜻을 함께 하며 도제로서 무량한 공덕을 쌓고 있는 여러 사람들의 혼이 담긴 곳이다. 전통문화의 '복원'을 바탕으로 재생산되는 '창작'은 전통문화를 살아 뛰게 하는 힘이다. 그 절정의 생각들이 큰 힘이 되는 곳이 바로 이곳이다.

누군가는 민족의 문화는 계몽과 신화 사이에 걸려 있다고 했다. 계몽과 신화 사이의 긴장을 꿰뚫어보는 역사란 기록으로 존재하는 법이다. 중국 법난의 시대

이산책판박물관 전시실

에 천주(泉州)에서 경전이 결집되고, 몽골의 병화가 국토를 유린하던 고려시대에 남해에서 재조대장경이 탄생했듯이, 환란의 시대는 그 어떤 각수의 팔뚝에 힘을 솟게 하는 것 아닐까.

경남 함양 이산책판박물관
esanmuseum5694.modoo.at

판각을 마무리한 경판을 들어 보여주는 안 관장 　안 관장과 함께 판본 복원에 애쓰는 각수들

치악에서 덕유까지 내달려 얻어낸 힘

두 박물관을 겹쳐 생각하며 나는 대장경을 증의(證義)했다 여겨지는 일연선사가 "내 다시 오면 그대들과 더불어 한바탕 멋지게 놀아보리라" 했던 유언을 문득 떠올렸다. 그 멋진 놀이판에서 고판화박물관과 이산책판박물관은 한몸이어야 한다. '잃어버린 반쪽'을 찾듯 사람들은 치악과 덕유를 다 순례해야 마땅하다. 풀 한 포기 뽑힌 자리에도 무량겁의 화장세계(華藏世界)가 담겨 있다 했는데, 먹물때를 더하면서 더 밝은 얼굴들을 찾아내고 작은 칼질로도 선인의 품은 뜻을 벼르는 이곳이야말로 서로 통하는 놀이판이 아니고 무엇일까.

고판화로 되살아나고 판각으로 떠오른 선현들의 찬란한 말씀들이 성큼 다가오는 듯, 오늘 두 박물관이 귀의하는 마음으로 맞아주었으니, 나 세상 사는 힘을 다시 얻었다면 믿으실 텐가.

일연스님과 팔만대장경
비문에서 찾은 9명의 각수들

일연비문(양기) 탁본의 일부.
고려대장경 남해군 조성의 중
요한 근거로 인용된다.
군위 인각사에 재현된 일연비탑

1295년 세워진 인각사 일연스님 (1206~1289) 비문 음기(陰記)에는 "국존을 따르고 친부(親附)하여 가르침이나 골수(骨髓)를 얻었거나 불법 (佛法)을 도운 스님들과 아울러 스님의 법유(法乳)를 받은 경(卿)과 사대부 등의 이름을 열거한다"라는 설명과 함께 164명 스님들 법명이 새겨져 있다. 비문 양기(陽記)에도 "정안 (鄭晏)이 1249년 남해 정림사 주지로 청했다"라는 기록이 새겨졌다.

이런 기록을 근거로, 팔만대장경 조성에 일연스님이 큰 역할을 했을 개연성이 제기되었다. 『고려대장경 조성명록집』(김윤곤 편저)의 3,600여 각수와 대조하면 스님의 문도나 도반의 참여를 증명할 수 있는데, 실제 혜여(惠如)·양지(良之)·도한(道閑)·지현(智玄)·법기(法奇)·가홍(可弘)·현조(玄照)·효대(孝大)·득심(得心) 등의 이름이 일치했다. 판각량을 보면 그들의 숙련도는 평균치 4배 이상이다. 판각이 마무리된 1249년에서 일연비 건립까지 46년이란 시차가 있지만, 일연스님이 남해의 분사도감에서 여러 서적 판각한 일이며 운해사 (雲海寺)에서 대장낙성회를 개최한 일 등도 곧 확인될 것이라 본다.

호기심과 기대감으로 다가서는 '이상한 나라'

캐나다 오타와 캐나다어린이박물관
일본 다자이후 규슈국립박물관 '아짓파'

여러 박물관 가운데 최근 10여년 사이에 가장 적극적인 변화를 보이고 있는 곳이 바로 어린이박물관이다. 어린이를 바라보는 시선에 변화가 일어난 것이다. 이제 어린이는 그냥 와서 전시를 보고 가는 수동적 관람객이 아니다. 박물관이란 장소에서 사회적 교류를 통해 새로운 지식을 쌓아가는 능동적 학습자로 변했다. 이에 따라 어린이들을 놀이를 통해 관찰하고 배우고 느끼고 표현하는 적극적인 학습자로 보고 전시 환경을 구축하는 뚜렷한 인식과 방안이 필요하다. 오늘 소개하는 두 박물관은 "최고의 배움은 여행에서 얻어진다"라고 한 어느 유명 작가의 말에 귀 기울이며 돌아보기를 권한다. 그리하여 '여행의 힘'이 생각보다 크다는 것도 함께 느끼게 될 거라 믿는다.

캐나다어린이박물관 입구

이상한 나라에서 마법 같은 시간을 즐기듯
캐나다 오타와 캐나다어린이박물관

캐나다 사람들은 계절이나 날씨에 상관없이 가족이 신나게 놀 수 있는 최상의 장소로 오타와의 캐나다어린이박물관을 권한다. 이 박물관의 콘셉트는 세계를 만나게 하는 '여행'이다. 아이들에게 여행이란 작은 모험과 다름없다. 캐나다는 많은 나라에서 온 이민자들이 모여 살며 건국된 나라다. 거기서 태어나 자란 어린이들이 전 세계의 어느 한 곳도 소홀하게 꾸미지 않은 이곳에 열광하는 것은 당연한 일인지도 모른다.

1989년 개관한 캐나다어린이박물관은 지금까지 800만 명이 넘는 어린이들과

여권 같은 느낌의 입장권 　　　　여권을 들고 세계여행을 하는 콘셉트로 진행된다.

그 가족들이 찾을 정도로 인기 있는 곳이다. 입장료는 같이 있는 역사박물관 입장료에 포함돼 있어 따로 내지 않아도 된다. 넓은 정원에서는 랜드마크인 캐나다 국회의사당과 유네스코 세계문화유산인 리도(Rideau) 운하도 바라볼 수 있어 즐거움을 더한다. 이 박물관의 슬로건은 '위대한 모험(Great Adventure)'. 문화에 대한 지식의 과정을 소중하게 여기고 있음을 알려준다. 입구에서 여권(패스포트)처럼 생긴 입장권을 받아 여러 나라의 상징적 장소를 방문한 뒤 나라별로 입국 스탬프를 찍으면 작은 기념품도 받게 된다. 예술·문화·역사가 기억 속에 남겨지는 첫 발자국인 셈. 호기심과 기대감이 잘 결합된 구조다.

교차로 입구를 통과하면 화려한 그림이 빈틈없이 빼곡하게 그려진 파키스탄 버스, 태국의 교통수단인 툭툭(tuktuk), 1800년대 싱가포르의 교통수단이었던 트라이쇼(trishaw), 마을에 하나쯤은 있을 것 같은 작은 서점, 시장놀이를

아프리카 나이지리아의 건축물을 연상시키는 실내

할 수 있는 차이나타운, 아이들에게 가장 인기 있는 장소 중 하나인 통관항구 등 세계 여러 나라의 고유한 풍경이 바로 눈앞에 펼쳐진다. 일본 전통가옥에서 전통놀이인 종이접기(오리가미)를 직접 해볼 수 있으며, 인도 서부지방 신화 속의 결혼이야기가 그려진 벽화도 볼 수 있다. 인도네시아의 그림자극 와양(Wayang) 인형도 만져보고, 멕시코 대표 요리인 토르티야(Tortilla)를 만들기도 귀한 경험으로 쌓인다. 머리에 쓰는 사각형 천을 두르고 발목까지 닿는 흰색 긴 소매 옷을 입는 아랍 의상 체험도 할 수 있다. 아프리카 나이지리아의 전통가옥에서는 얇고 긴 외투 형태의 전통의상을 입어볼 수도 있다. 이집트 피라미드 안에서 미로찾기놀이를 하고, 사막의 낙타조형물 앞에서는 기념사진도 남긴다. 다양한 가게들에는 아이들이 주인도 되고, 손님도 되는 즐거운 체험공간이 펼쳐져 있다.

어린이들의 눈높이에 맞춰 걸어놓은 시계들

그래픽 하나에도 많은 정성을 쏟았다.

교차로 입구에 세워진 파키스탄 버스

아이들에게 가장 인기 많은 장소 중 하나인 통관항

어린이극장 무대. 분장실에서 의상을 입은 가족이 등장했다.

게다가 스튜디오와 영화관, 캐나다가 세계 최초로 발명한 아이맥스(IMAX) 전시관까지 빼곡하게 들어 있다. 아이들이 직접 음향 및 조명 등을 조절해 무대 연출을 할 수 있는 소극장도 탐이 난다. 무대 뒤 분장실에서 의상을 골라 입고 무대에서 동행한 가족들과 함께 소규모 연극을 공연할 수 있는 시간도 부럽기 그지없다. 박물관의 다양성과 풍부한 콘텐츠들이 어린이들만의 속도로 탐험하고 배울 수 있도록 구성되었다는 점에 나는 무릎을 쳤다.

누구나 이 박물관에 들어서면 루이스 캐럴의 소설 『이상한 나라의 앨리스』(1865)를 떠올릴 것이다. "모든 모험은 첫걸음을 필요로 하지…. 너는 너만의 지도를 만들어야지…. 내 기분은 내가 정해. 오늘 내 기분은 '행복'이야…. 어제와 오늘의 나는 다르다구." 일곱 살 앨리스가 토끼굴에서 떨어져 도착한 이상한 나라에서 마법 같은 시간을 보내고 마침내 꿈에서 깨어나는 그 '이상한 나

어린이극장 분장실

라'가 바로 이 박물관이 아닐까.

이곳은 세계인들이 살고, 배우고, 일하고, 노는 풍경에 익숙하게 만든다. 그게 어린이가 누릴 소중한 권리 중 하나인 것처럼. 문을 닫을 시간이 되었지만, 아침 일찍 토끼굴로 들어간 앨리스처럼 어린 여행자들이 나올 생각조차 하지 않는 것은 박물관의 이런 슬로건 때문인지도 모르겠다.

- 아이들을 어린이박물관으로! 그러면 아이들은 떠나고 싶어 하지 않을 거야!

캐나다 오타와 캐나다어린이박물관
www.historymuseum.ca/
visit/childrens-museum

규슈국립박물관 전경

아시아 여러 나라로 경이로운 여행 체험
일본 다자이후 규슈국립박물관 '아짓파'

후쿠오카현 다자이후에 자리한 규슈국립박물관은 일본의 네번째 국립박물관
으로 2005년 10월 '일본문화는 아시아와 어떠한 관계를 맺으면서 독자적인 문
화를 형성해 왔는가'를 테마로 개관했다. 메이지시대 이후 100년 만에 지어져
화제를 모은 일본 최대 규모의 국립박물관으로 '바다의 길, 아시아의 길(海の
道, アジアの路)'이라는 캐치프레이즈가 옛날부터 아시아 국가와의 교류를 통
해 번성했던 이 지역에 잘 어울린다.
후쿠오카 인근의 유명 관광지 다자이후텐만구(太宰府天滿宮)에서 무빙워크로

층층이 연결되어 접근성이 좋다. 에메랄드빛 외관이 돋보이는 박물관을 들어서면 1층에 아시아 문화의 체험형 전시공간 '아짓파'(あじっぱ)가 자리하고 있다. 오감(五感)으로 아시아의 문화와 역사를 체험할 수 있는 공간이지만, 얼핏 보면 요란한 외관이 영락없는 기념품 가게다.

여행을 모험과 순례로 나눠본다면 '아짓파'는 순례에 더 가까운 여행일 것이다. '가깝고도 먼' 아시아의 나라들을 찬찬히 경험해 본다는 사실만으로도 아이들에게는 경이로운 여행이 아닐 수 없다. '아짓파'는 '아시아 노 하라파(아시아의 들판)'의 줄임말이다. 일본이 고대부터 교류해 온 아시아의 많은 나라들의 문화를 방문객들에게 전해주는 무료 인터랙티브 전시장으로 소문나 있다. 한국·중국·몽골·베트남·태국·인도네시아 등 아시아 국가는 당연하고, 옛날 일본과 활발한 교역을 벌였던 포르투갈·네덜란드 등 유럽 국가들의 부스가 포장마

'아짓파' 내 한국관과 몽골관

차처럼 마련되어 있다. 각 나라의 전통적인 의상이나 생활용품, 악기·장난감·인형 등도 만져볼 수 있어 그야말로 아시아의 활기찬 전통시장에 온 기분이다. '아짓파'는 눈길을 끄는 작품들의 전시장인 '아지안'과 아시아의 역사와 문화에 대해 고고학자 체험을 해볼 수 있는 테마공간 '아지갸라', 그리고 아시아의 음악을 듣거나 풍경을 볼 수 있는 '다나다' 등으로 구성돼 '아시아의 교류'라는 공간 모토를 각각의 색깔 있는 콘텐츠로 잘 살리고 있다. '학습'과 '체험'을 '놀이'로 승화시키는 즐거움도 빼놓을 수 없다. 전시 내용은 그때그때 바꾸지만 '아시아를 느낀다'는 주제를 늘 지켜가고 있다는 그들의 자부심이 느껴진다.

한국관에는 팽이·윷·제기 등의 전통놀이기구와 탈, 전통 의상 들도 있고, 또 한국의 조각보를 이용한 그림 그리기와 퍼즐 맞추기를 할 수 있는 체험공간도 마련되어 있다. 호랑이가 그려진 민화도 친숙하다. 몽골의 전통악기 '마두금', 타

체험공간에서 방문객 부자가 바둑을 두고 있다.

엄마와 함께 인도네시아 민속놀이 '다콘'을 즐기는 어린이

이 체스 '맥룩', 인도네시아의 전통놀이 '다콘' 같은 것도 스스럼없이 만져보고
재미있게 겨뤄볼 수 있다.

나는 '아짓파'를 나서며, 아직도 갈피를 잡지 못하고 있는 우리의 '다문화'를 생
각했다. 다문화(多文化)는 당연히 '복합문화'여야 하고 '다름을 인정하는 문화'

아짓파의 체험학습공간

'아짓파' 내 인도네시아 전시장의 모습

여야 한다. 그냥 여럿이 모여만 있는 게 다문화가 아니다. 지금과 같은 배타적인 이민정책과 고집스런 동화(同化)정책으로는 아시아와 세계를 마음껏 호흡한다는 건 공허한 구호일 뿐이다. 나는 '다문화'를 통해 창의성을 기대한다. 창의성이란 독립적인 자신의 생각과 표현방식, 자신의 아이디어를 표현하고 다른 사람들과 공유하는 방식이 아닌가. 많은 사람이 눈앞에 바로 보이는 것을 넘어서 그 이면에 감춰진 것을 볼 수 있는 능력, 주변을 보거나 조금 다른 방식으로 바라보고 사고할 수 있는 힘을 기를 수 있는 '다문화'를 '아짓파'에서 조금이나마 느껴보기를 기대한다

일본 다자이후 규슈국립박물관 '아짓파'
www.kyuhaku.jp/exhibition/
exhibition_info04.html

아짓파는 전시장인 '아지안', 고고학 체험공간 '아지갸라', 아시아의 풍경을 보는 '다나다'로 이루어져 있다.

세상의 길 위에 당당하게 서 있을 아이들

여행을 통해 창의성·자신감·친화력·독립심·열정·끈기를 얻었다는 데 공감하는 이들이 적지 않다. 경쟁하기보다는 스스로 성장하는 가장 좋은 계기가 여행이라는 점도 마찬가지다. '놀면서 공부한다'는 당의(糖衣)가 가장 어울리는 것이 여행일 것이지만, 여행자들은 여행을 통해 세상을 관찰하고 체험하며, 그것을 자기 삶의 일부로 만드는 사람이다. 역사상 위대한 인물들 중 많은 이가 훌륭한 여행자였다. 우리가 세상을 누비는 여행길에서 돌아올 아이들을 문밖에서 느긋이 기다리고 있는 것은 이 박물관들이 '세상의 길 위에 당당하게 서 있는 아이'를 만나게 해줄 거라는 믿음 때문이리라.

체험 프로그램으로 만나보는 세계박물관
7개국 10개 박물관의 어린이교육 프로그램 소개

대구교육박물관에서 펴낸
『세계박물관 어린이교육프로그램』자료집

대구교육박물관이 세계 7개국 10개 박물관의 어린이 교육 프로그램을 가려 뽑은 책을 펴냈다. '박물관은 프로그램으로 경쟁한다'는 생각으로 해외의 우수한 프로그램을 알고자 들여다본 정보들이다. 영국 런던 자연사박물관, 영국 런던 교통박물관, 미국 뉴욕 어린이박물관, 중국 홍콩 역사박물관, 중국 시안 진시황병마용박물관, 호주 시드니박물관, 캐나다 오타와 전쟁박물관, 미국 LA 스커볼문화센터, 일본 교토한자박물관, 미국 워싱턴 언론박물관(뉴지엄) 등 7개국 10개 박물관의 정체성이 담긴 대표적인 어린이 체험프로그램을 한 곳에 모은 것이다. 이 책은 체험프로그램 참가학생들과 박물관 교육에 관심 있는 교사들에게 우선 배부된다.

대구교육박물관은 매년 체험프로그램 공모당선작을 현장에 적용하는 등 다양한 프로그램 개발에 힘을 쏟고 있다. 앞으로도 박물관 프로그램 모음집을 지속적으로 발간하면서 세계와 소통하는 아이디어를 구체화해 갈 것이다.

'진심'이 통하는 그림들로 행복한 공간

온라인 박물관 '그림책박물관'
미국 뉴욕 브루클린아트도서관

누구나 살면서 그 무엇엔가 사로잡혔던 경험들이 있었을 것이다. 아마도 그 매혹됨의 원인은 '얼마나 진심이 담겨 있는가'의 문제였을 거라 짐작한다. 그 진심에는 상상력과 인간미, 감동과 열정, 공감과 배려 같은 것이 섞여 더욱 멋져 보이고 더욱 오랫동안 가슴에 남게 되지 않았을까. 오늘은 '진심'을 앞세워 사람의 마음을 열게 하는 두 공간을 찾아간다. 기발한 상상력보다는 그 마음을 지켜온 먹먹한 감동으로 우리의 등을 토닥여주는 그곳으로 가자.

그림책박물관의 멀티 플레이어 임해영 관장

누구에게나 큰 위안이 되는
온라인 박물관 '그림책박물관'

그림책은 우리가 태어나 처음 만나는 책이자 0세부터 100세까지 세상의 모든 어린이와 어른이를 위한 책이다. 그림책은 어린이가 경험하는 최초의 문학이자 연극적 경험이다. 세상모르게 천진하고, 어설프기 짝이 없고, 쉽게 상처받는 모든 마음들을 위한 책이다. 이런 그림책을 위한 '그림책박물관'을 만난다. 지니를 불러내 소원을 이루는 알라딘처럼, 토끼굴로 들어가 마법의 세상을 만나는 앨리스처럼 클릭만으로 엄청난 그림책을 만날 수 있는 온라인 뮤지엄, 이름도 그냥 '그림책박물관'이다. 세상의 그림책을 모두 가진 듯한 이런 자신감은

매일 업데이트되는 그림책박물관의 인터넷 홈페이지 초기화면

어디에서 왔을까.

- 지금 한국은 세계의 그림책 시장에서 가장 주목받는 나라 중 하나가 되었습니다. 독자에
게는 풍부한 그림책 정보를 제공하고 작가에게는 위대한 작품의 역사를 잇게 하고, 출판사
에는 더욱 수준 높은 그림책 제작을 위해 매진하는 동기를 부여할 수 있는 다양한 채널을 가
진 '그림책박물관'이 되고자 합니다.

바쁘게 일하는 1인 5역의 임 관장. 거실이 그의 일터다.

'그림책박물관' 임해영 관장의 당찬 선언이다. 나라 안팎에서 그 많은 그림책들을 모으고, 그림책을 만드는 이들을 다독이고, 그림책의 깊은 뜻을 전하려 읽어주고 멋진 그림을 보여주려 애쓰는, 게다가 이 모든 일을 혼자서 해내는 능력자이다. 이렇게 독자적인 장르로서의 '그림책'을 다루고, '그림책'이라는 장르를 발전시키기 위해 탄생한 이 박물관은 어느새 공공의 소중한 지적자산이 되었다. 최근 그림책이 어린이만을 위한 책이 아니라는 인식과 함께 그림책시장이 성숙해지면서 출간도 부쩍 늘어난 건 다행스런 일이다.

세계의 다양한 그림책들도 적극적으로 소개한다.

'그림책박물관'은 온라인 박물관이다. 감상하려면 당연히 홈페이지로 들어와 봐야 한다. '면피용'으로 쉽게 만들어진 사이트가 아니다. 어느 메뉴, 어떤 링크도 소홀하거나 삐걱거리지 않고 탄탄한 반석 위에 놓여진 듯 실하다. 그 무한대의 공간 속에 '그림책박물관'은 운영자의 성격처럼 깔끔하게 펼쳐져 있다.

'그림책박물관'이 소중한 까닭은 또 있다. 임 관장은 모든 그림책을 '한눈에 살펴볼 수 없을까' 하는 매우 개인적인 동기와 호기심을 확대해 그 그림의 작가들인 일러스트레이터들과 함께했다. 이로부터 2002년 '산그림'이라는 일러스트레이터 그룹이 탄생했다. '산그림'은 매일 새로워지는 공간을 꿈꾸었다. 출판되고 난 뒤 쉬 사라져버리는 책들까지 한 권 한 권 소중하게 그림책 역사로 쌓아올렸다. 이들이 함께 한국 일러스터레이터들을 대표하는 인터넷사이트 '산그림'도 세웠다. 임 관장은 '산그림'과 더불어 '그림책박물관'의 정체성을 세워 나가는 과정이 매우 즐겁고 소중한 경험이 되었다고 말한다. 이 둘은 어느 쪽 홈페이지에 먼저 들어가든 쉽게 오갈 수 있다.

임 관장이 추천하는 새로 나온 국내판 그림책들

– 이곳이 천국입니다. – 들어오기만 해도 기분이 너무 좋아지네요. – 지친 어른들에게도 '탈출구'가 됩니다. – 삶의 여유를 찾습니다. 새로운 힐링 수단입니다…. 임 관장은 늘 홈페이지를 따뜻하게 데워주는 댓글에서 큰 용기를 얻는다. 그림책이 사람들에게 위안의 여백을 선사하듯이, 그런 여백들이 '그림책박물관' 속에 촘촘하게 모여 있다. 아직까지 국내에는 오프라인 그림책 박물관은 없다. 쉽게 엄두를 내지 못했거나, 턱없이 부족한 관심 때문일 것이라 짐작한다. 감히 말하지만 그 누가, 그 어떤 기관이 서두르더라도 '그림책박물관'을 삼고초려해서 그 애정 어린 노하우를 배우지 않으면 안 된다.

임 관장은 최근 울산시에서 고양시 일산으로 옮겨 '그림책박물관'과 '산그림'을 운영하고 있다. 심기일전한 그의 각오는 홈페이지에서도 밝게 빛나고 있었다.

온라인 박물관 '그림책박물관'
www.picturebook-museum.com

브루클린아트도서관 홈페이지 첫 화면 ©Brooklyn Art Library

다양한 경계를 허무는
미국 뉴욕 브루클린아트도서관

뉴욕의 브루클린아트도서관에 들어서면서 나는 적이 당황스러웠다. 미술관과 도서관과 박물관과 갤러리의 경계가 무너졌다고 느꼈다. 전 세계 사람들이 만든 수만 점의 사연 있는 그림들이 모여 있다기에 '세계의 천재작가들이 책을 만들어 봉헌하는 곳'이거나 '세계 그림쟁이들이 여행길에서 만난 특별한 시간을 모은 곳'이겠거니 했는데 그런 지레짐작은 금세 무너지고 말았다.

130개국 3만여 명의 글로벌 크리에이티브가 보내온 4만 5,000권 이상의 스케치북과 2만 권 이상의 디지털 자료를 소장하고 있는 이 도서관은 지난 13년 동

안 '세계에서 가장 큰 스케치북'이라는 별칭을 얻을 정도로 성장해서 많은 창작자들에게 영감을 주고 나아가 단절된 예술 경력을 이어주기까지 하고 있다.

인쇄업자인 스티븐 피터먼와 웹 개발자인 쉐인 저커는 2006년 미국 남부 애틀랜타에서 전 세계 예술가들의 상상력과 창의력을 감상하는 '스케치북 프로젝트'를 시작했다. '누구나 예술가가 될 수 있다'는 보통 사람들의 꿈을 이루어주기 위해 시작한 이 프로젝트는 그 목표를 지나 예상을 뛰어넘는 다소 황당한 미술관을 얻어냈다. 창의적인 공동체가 예술가 개인보다 더 큰 창의성을 발휘해 이로부터 전통적인 갤러리나 뮤지엄과는 다른 방식으로 큰 영향을 미치게 되었다. 디지털과 아날로그 사이에 있는 아득한 욕구의 교차점에 선 우리 앞에서 이 도서관은 전혀 새로운 길을 제시한다.

이 프로젝트의 참가자들은 빈 스케치북을 선택해 그것에 자신의 주제에 맞는

브루클린아트도서관 입구

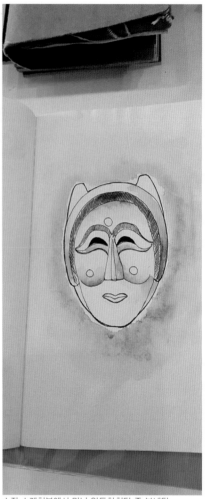

소장 스케치북에서 만난 안동하회탈 중 부네탈

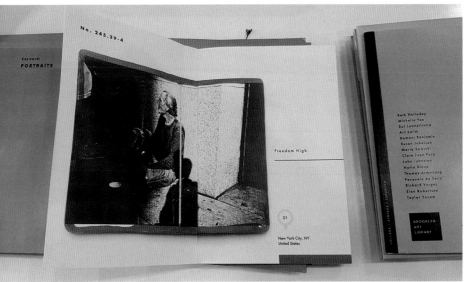

소장된 스케치북에서 작품을 선정, 별도의 작품집도 만든다.

그림을 채우고 자신의 이력과 독특한 내용을 함께 담아 온라인에 연결한다. 도서관에서는 이것들을 기발한 목록으로 분류해 방문객들이 다채롭게 구경할 수 있게 해둔다. 방문객들은 무료로 받은 도서관 카드를 스캔해 가로 5인치, 세로 7인치, 총 32쪽의 스케치북 갈피에서 '누군가의 삶에서 튀쳐나온 순간'을 만날 수 있다. 한 번에 두 권의 스케치북을 볼 수 있다. 온라인에서는 예술가의 이름이나 주제·나라에 따른 컬렉션의 상당 부분을 열람할 수 있게 되어 있다. 이렇게 세계 각지에서 몰려든 크라우드 소스는 디지털과 아날로그가 결합되어 창의적인 작업을 하는 또 다른 이들과 공유되고 있다.

브루클린아트도서관은 '북모바일(Bookmobile)'이라는 의미 있는 이벤트도 진행하고 있다. 소장 스케치북 500~800권 정도를 엄선, 앙증맞은 삼륜차에 싣고 학교나 기업현장을 찾아가 새로운 관람객에게 펼쳐 보이는 프로젝트다. 세계

브루클린아트도서관의 홍보대사인 이동도서관 ⒸBrooklyn Art Library

어디라도 갈 수 있다고 홍보하는 '현대판 예술보부상'인 셈이다. 학생들은 거기에서 창의성을, 기업들은 글로벌한 영감을 자극받는다. 단순히 보여주는 데 그치지 않는다. 가려 뽑은 그림들로 만든 책을 제공하거나, 나름대로 정한 주제로 대화형 플랫폼을 만들어 참가자들의 예술적 경험치를 높여준다. 창의적인 기업을 말하려면 이만한 글로벌한 워크숍이 또 어디에 있겠는가. '북모바일'은 오늘도 세계의 유명도시를 방문 중이다. 돌아오면 7,500권의 스케치북이 다시 컬렉션에 더해질 것이다.

피터먼과 저커는 2010년에 지금의 윌리엄스버그로 그 창의적 플랫폼을 옮겼다. 브루클린아트도서관 이용자들은 누구든 25달러를 내면 32쪽의 빈 스케치북을 구입할 수 있다. 그 스케치북에 자신만의 이야기를 그림으로 담아 이곳으로 보내면 또 하나의 컬렉션에 더해지고, 그것은 새로운 세계를 향하는 사람들

다양한 문화상품을 개발해 판매하고 있다.

에게 하나의 훌륭한 여행도구가 된다. 흥미롭지 않은가. 이곳을 다녀온 이들은 어디선가 들려오는 "네 이야기를 나누고, 네 그림을 그리고, 그냥 그것을 나눠 주라"는 귓속말이 "당신도 예술가가 될 수 있어!"로 들리는 마법에 걸리게 될 것이다.

미국 뉴욕 브루클린아트도서관
www.brooklynartlibrary.com

도서관을 이용하고 있는 방문객들

문화와 예술을 지키는 바른 가치

『대학(大學)』에 나오는 '시이불견(視而不見) 청이불문(聽而不聞)'은 '바른 마음으로 집중하라'는 가르침의 다른 말이다. 다시 말하면, 시청(視聽)이 아니라 견문(見聞)의 자세가 더 중하다는 것이 아닐까. 예술을 감상하고 느끼는 것도 이와 다르지 않을 것이다. 명작이란, 온 마음으로 작품을 남긴 사람들을 위해 절절하게 느낀 마음들이 쌓여 이루어진 것이다. 오늘, '그림책박물관'과 '브루클린 아트도서관'을 한데 엮어본 것은 문화와 예술을 지키고, 키우고, 사용하는 바른 가치를 알려주고 싶었기 때문이다.

85년 전 우리 장난감을 그린 그림책

『조선완구도보(朝鮮玩具圖譜)』(1934년)를 아십니까

『조선완구도보』표지

『조선완구도보』에
소개된 볏짚인형

대구교육박물관은 2019년 기획전으로 '놀이, 우리들의 네버랜드'를 열었다. 피터팬 이야기에 등장하는 가공의 나라를 타이틀로 삼은 장난감 역사전이다. 열린 마음으로 즐기고 그 즐긴 시간만큼 훌륭한 사람이 되어가는 '멋진 과정'이라는 '놀이의 순기능'을 실험한 것이다.

이 기획전에 재미있는 소장품 한 점을 공개했다. 바로 『조선완구도보(朝鮮玩具圖譜)』(1934년)이다. 의사이자 판화가인 오자키 세이지(尾崎清次, 1893~1979)가 전통 장난감 연구모임을 결성해서 활동하며 만든 장난감 도감이다. 이 책은 그가 1929년에 우리나라를 여행하며 수집한 장난감을 바탕으로 하고 있다. 책에 실린 장난감 그림은 모두 저자가 실물을 보고 직접 그린 것을 목판화로 인쇄한 것이다. 저자 자신도 실물 장난감의 형태와 색채를 전하는 데 '집중'했다고 할 정도로 섬세하고 생생하게 표현되어 있다.

그 시절 그렇게 놀았다. 이 책을 보고 모두들 호모 사피엔스 이래 '가장 놀라운 인간형'이라는 '놀이하는 인간(호모 루덴스)'이 되어 85년 전의 네버랜드에서 최고의 영웅이 되었으면 한다.

학창, 추억은 머무르고 그 마음은 통했다

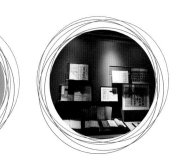

일본 교토 학교역사박물관
대구 대구교육박물관

어린 시절 다녔던 학교가 폐교가 되었다는 소식을 들으면 누구나 묘한 허탈감에 빠져든다. 오래도록 남아 있기를 바랐던 마음이 상처받았기 때문일 것이다. 다행스럽게도 이즈음 폐교된 그곳은 다시 배움의 집이 되거나 창작의 산실이 되기도 한다. 또는 마을의 명소로서 지역을 살리는 자원이 되어 마침내 지역민의 삶의 일부로 자리하고 있다. 현실적으로 폐교를 막을 수 있는 방법은 얻기 어렵다. 오늘은 박물관으로 반듯하게 되살아난 두 학교의 이야기를 전하면서 꿈의 공간으로 변해갈 폐교의 미래를 생각해 본다.

학교역사박물관 표지판

교토의 역사를 배우는 학교
일본 교토 학교역사박물관

일본의 역사와 전통문화의 아이콘이 된 도시 교토. 이런 교토에서 꼭꼭 숨은 작은 박물관들을 찾아가는 것은 아주 흥미로운 일이다. 그 중에서도 교토시민들이 가장 자랑스러워하는 학교역사박물관에는 교육에 대한 교토시민의 애정이 고스란히 남아 있다. 1998년 11월, 교토에서 가장 오랜 129년 역사의 카이치(開智)초등학교가 폐교되면서 '학교에서 교토를 배운다'는 슬로건을 내걸고 그 자리에 세운 전국 유일의 '학교역사'박물관이다.

메이지 정부가 근대 학제를 공포한 것은 1869년이지만 그 3년 전 교토에 전국

256

학교역사박물관 전경

최초의 학구제 초등학교를 세웠다. 메이지시대의 여러 가지 근대화 정책 중에서도 특히 '교육'에 온 힘을 썼다는 걸 제대로 알려주는 곳이 바로 여기다. 교토 시민들은 옛 교토의 명성을 되찾으려면 좋은 인재를 기르는 것이 급선무라고 생각했다. 빚을 얻어서까지 돈을 모아 64개의 초등학교를 만들어 지역 단위로 관리 운영을 할 정도였다. 이처럼 메이지시대 초기에 민간에서 학교를 세운 사례는 다른 지역에서는 찾을 수 없을 정도로 큰 성과였다.

1901년에 세운 고풍스런 정문을 들어서서 운동장을 지나 전시실 입구에 서면 1875년에 제작된 현관을 만나게 된다. 유형문화재로 등록된 것으로 어느 초등학교에서 옮겨온 것이라 한다. 그 옆에는 일본 교육의 상징적인 존재로 전국 어느 초등학교에서나 동상으로 만날 수 있는 니노미야 긴지로의 석상이 땔감나무를 짊어지고 책을 읽으며 걷고 있는 모습으로 서 있다. 일제강점기 한국에서

학교역사박물관의 정문

도 도덕시간에 가르치던, 늘 등장한 본받아야 할 인물이었다. 21세기의 일본에서도 그는 여전히 중요한 교육적 가치로 존재하고 있는 셈이다.

학교의 소방망루와 시간을 알려주는 북은 당시의 학교가 아이들의 배움터에 그치지 않고 마을 중심의 종합시설로서 지역민의 삶과 밀착된 곳이었음을 알려준다. 어쩌면 이 박물관은 학교의 바른 역할을 반추하는 이정표일지도 모르겠다. 자랑스러운 역사도 역사지만, 학교의 개교에 힘쓴 사람들 대부분이 지역 인사였기 때문에 그들의 남다른 열정을 알리려는 목적도 있는 것 같았다.

크고 작은 13개의 전시공간에는 다른 박물관에서는 보기 힘든 1만여 점의 귀한 자료가 '시민의 열정', '문명개화와 학교교육', '전통산업과 학교교육', '학교 급식의 발자취', '근대 교토의 목조교실' 등으로 나뉘어 빼곡하게 소개되어 있다.

교과서 전시실에서는 메이지시대에서 태평양전쟁까지의 교과서를 만난다. 전

니노미야 긴지로의 석상

교과서의 인물 삽화 모형과
1875년에 만들어진 나무계단으로 꾸며진 입구

시대별 교과서 전시장

전시장 내부

학교의 옛 모습을 느낄 수 있는 복도

연어(連語:두 가지 이상의 단어가 결합된 말)를
가르치는 학습교재

학교의 역사적 사진이 전시된 복도

음악실로 꾸며진 전시장

차와 군함까지 등장하는 전쟁기 교과서를 비롯해서 패전 후 군국주의적 내용이
먹칠된 '묵칠 교과서'도 원 상태의 교과서와 함께 전시되어 있었다. 교육 내용은
에도시대의 서당(寺子屋)을 따랐지만, 개교 당시 서양화 때문에 일본화의 장래
에 위기감을 느낀 교토의 화가들이 일본화 미술교과서를 직접 만들기도 했다는
감동적인 사연도 전해 들었다. 당시 음악교육을 위해서 마련한 명기(名器) '스타
인웨이 피아노'도 전시되어 있다. 피아노 아래서 잠든 선생님도 있었을 정도로
교육에 대한 뜨거운 열정이 있었다는 설명으로 '일본에서 음악수업을 맨 처음
시작한 도시'라는 교토의 명성이 그냥 생긴 게 아니었음을 깨닫게 되었다.
언뜻 보면 진부하고 남루하다 싶은 이곳을 교토시민들이 고향집처럼 찾아오는
까닭 또한 저절로 알 수 있는 곳이다.

일본 교토 학교역사박물관
www.kyo-gakurehaku.jp

대구교육박물관

마음이 통하는 교육콘텐츠의 탄생
대구 대구교육박물관

2018년 6월, 1981년에 개교해서 학령인구 감소로 36년 만에 통폐합으로 폐교 건물이 된 대동초등학교 자리에 대구교육박물관이 들어섰다. 대구교육청 산하 기관으로 7개의 전시실, 5개의 체험공간을 가진 '디지로그 박물관'이자 나아가 '마인즈 온(Minds-on) 박물관'이라 부를 만한 곳이다. 이 박물관이 처음 탄생을 예고했을 때 많은 사람들은 그 결과를 매우 추상적으로 생각했다. 하지만 지금은 대전한밭교육박물관, 제주교육박물관에 이은 '20년 만의 교육박물관', '영남권 최초의 교육박물관'으로 전국적 주목을 받고 있다. 이는 자연스럽게 다

른 지역에서도 교육박물관을 세우려는 움직임으로 이어지고 있다.

개관 전 2년 동안 대구교육청이 중심이 되어 개인 기증유물을 모았다. '역사를 전하는 보람 있는 나눔'이라는 기증캠페인을 거치며 현재 110명의 기증자료 2만여 점을 소장하게 되었다. 연경서원의 출석부라고 할 수 있는『통강록』, 서포 김만중 선생의 평론집인『서포만필』필사본, 송촌 지석영 선생이 펴낸 우리나라 최초의 영어교재『아학편』, 일제강점기인 1937년 경북여고 2학년 여학생이 11개월 동안 일본어로 쓴 것으로 '한국판 안네의 일기'라 불린『여학생일기』등이 대표적인 유물로 상설전시실에서 방문객들을 만나고 있다.

예전의 박물관이 얼마나 많은 소장품을 보유하고 전시하느냐에 따라 그 명성이 좌우되었다면 이제 박물관은 어떤 이야기와 주제로 보여주느냐에 따라 그 가치가 결정된다. 2 · 28학생운동의 발상지, 특수교육의 요람, 한국전쟁기의

'한국판 안네의 일기'라 불린 『여학생일기』 　개화기 교과서와 일제강점기 금서들

대구교육 등의 주제로 교육수도 대구의 가슴 벅찬 역사를 여기서 만난다. 온고지신(溫故知新)·법고창신(法古創新)·구본신참(舊本新參) 이런 말들이 눈앞의 사실로 와 있는 듯해서 이제 더 이상 박물관을 고고학의 이름으로 붙들어두지 못할 것임을 알게 된다. 새 것을 알고 창조하고 추구하는 것은 오히려 고현학(考現學)에 가깝다는 걸 가르쳐주고 있다.

대구교육박물관은 짧은 기간 다채로운 기획전으로 '살아있음'을 전해 왔다. 개관특별전 '대구피난학교, 전쟁 속의 아이들'은 한국전쟁 당시 서울에서 피난 온 학생을 위해 개교한 '서울피난 대구연합중고등학교'의 감동적인 이야기를 발굴해 알렸다. 두 번째 특별전은 유네스코가 정한 음악창의도시로 매년 다양한 음악축제가 열리는 대구의 문화정체성을 알려주는 기획전 '스테이지(stage)'였다. 세 번째는 구한말부터 지금까지 어떻게 영어교육이 이뤄졌는지 다양한 유물과 함께 보여주는 '영어, 가깝고도 먼'이라는 제목의 '영어역사전시회'였다. 그리고 2019년 들어 토종씨앗의 이야기를 인문학적으로 전하는 '토종씨앗, 밥

변우용 기증유물실

개관 전부터 유물기증이 많았던 대구교육박물관

상을 부탁해', '놀이의 역사'로 방문객을 피터팬으로 만드는 '놀이, 우리들의 네버랜드' 등이 이어졌다.

대구교육박물관은 개관 첫해 7만여 명이 방문하는 성과를 올렸다. 이후 기성세대의 기증유물을 통해 부모가 멋진 도슨트가 되고 부모의 경험치를 교육으

전시실 입구의 대구교육역사 연대표

'2019 우리동네 달빛축제'의 한 장면

고고학 체험실에서 활동하는 어린이들

역사교실을 가상체험하는 VR은 인기가 높다.

로 받아들이는 '소통의 박물관'으로 자리매김하고 있다. 2019년 가을 문화관 (203석)과 체험관이 문을 열면서 더욱 다양하고 의미 있는 박물관이 되어가는 중이다.

대구 대구교육박물관
www.dge.go.kr/dme

기획전 포스터

교육이 희망이다.

개관특별전 '한국전쟁–대구피난학교' 학생조형물

'폐교가 되살아난다'는 말의 진실

폐교는 무척 잔인하고 절망적인 일이다. 그러나 그 자리는 공연장·갤러리·창
작촌·박물관·수족관·교차로 휴게소·지역병원·노인의 집으로 변하거나 거듭났
다. 세월을 이길 수 없어 폐교도 그만큼 늘어날 것이고, 학창의 그리움만으로는
어찌할 수 없는 우리의 고민도 깊어질 것이다. 어른에겐 예전의 동심을, 어린이
들에게는 신선한 시간을 선물하고 싶다. 그리고 "학교는 되살아난다"는 진실을
다시금 느끼게 하는 그런 박물관이 되었으면 좋겠다.

너의 '핸즈 온(Hands On)', 나의 '마인즈 온(Minds On)'

대구교육박물관 세계문화유산 체험코너

대구교육박물관 특수교육실 내에 있는 세계문화유산 체험코너

첨단서비스를 갖춘 박물관들도 시각장애인들을 위한 장치라고는 대부분 점자 해설판이 고작이다. '역사에 눈뜨는 기회'를 만들자는 대구교육박물관의 생각은 '장애를 넘어, 균형을 위한 배려'가 되었다. 시각장애인들이 석굴암 본존불·에펠탑·피사의 사탑 등 세계문화유산으로 지정된 국내외 40여 종의 유물유적 미니어처를 직접 만져볼 수 있게 가성비 높은 기념품을 구하느라 애쓴 결과다.

대구대 점자도서관에서 점역(點譯)해 준 점자해설을 읽으며 10명이 동시에 체험할 수 있는 접이식 체험카트에서 동행한 부모가 체험을 유도하고 직접 도슨트가 되는 장면은 교육박물관의 분명한 존재 이유를 보여준다. 반드시 해야 할 일을 소홀히 하지 않았음을 보여주는 좋은 전례가 되면 좋겠다. 앞으로 관련음악을 활용해 콘텐츠를 융합해 복합적인 체험효과를 맛볼 수 있게 할 것이다. 3D 프린트를 이용해 미니어처도 추가로 제작해 실감 효과를 높일 예정이고, 방문하기 어려운 사람들을 대상으로 하는 '찾아가는 박물관'의 기능도 갖출 계획이다.

추사(秋史)의 일필휘지가 머문 자리

경기 과천 추사박물관

경북 영천 은해사

한 개인의 명호를 조사해 보니 343개, 어떤 서예가는 그보다 훨씬 많은 503개라고 했다. 변화무쌍하면서도 다양한 맛의 작품을 남긴 이 사람은 누구일까. '최면노인', '백반거사', '아념매화', '향각자다처로향각노인'이라고도 불리운 사람. 바로 추사 김정희이다. 오늘 추사를 떠올리는 것은 '내가 아니면 안 되고', '우리가 아니면 안 되는' 콘텐츠 만들기라는 주제에서 벗어나 역사의 맥락, 인연의 기묘함을 얘기하고 싶어서인지도 모른다.

과천 추사박물관

과천에서 다시 태어난 추사
경기 과천 추사박물관

추사 김정희(1786~1856)의 생애를 촘촘히 쫓아가며 수런수런 이야기를 나누는 것은 의미 깊은 일이다. 모르는 사람도 없지만 아는 사람도 없다는 추사 김정희. 추사는 이른바 추사체를 창안한 서예가이며 19세기 전반 청나라 고증학의 정수를 가장 신속하고 정확하게 파악해 실시구시설을 주창한 학자이다. 무학대사의 비로 알려진 북한산의 비석이 신라 진흥왕의 순수비임을 밝혀내는 등으로 금석학을 학문의 반열에 올려놓은 분이기도 하다.

충남 예산 용궁리의 고택에서부터 제주도 대정현의 유배길을 거쳐 과천의 초

봉은사 '판전' 편액

추사 김정희 초상

당으로 돌아와 머물다 마감한 그의 70평생의 행로는 숙연하기 그지없다. 그 많은 고장 가운데서도 과천은 선친의 3년 상을 치른 곳이자 북청 유배에서 풀려난 뒤 4년간 머물면서 학문과 예술의 절정기를 맞은 곳이다. 추사 스스로 '노과(老果)'라 불렀고 그곳에서 세상을 떠났으니 이래저래 인연이 깊다.

예산에도 제주에도 추사를 기념하는 곳이 있지만 그냥 가벼운 구경거리일 뿐 '희대의 천재'에 대한 일반적 상식을 넘어서는 감흥을 주지는 못했다. 하지만 2013년, 4년 동안 꼼꼼하게 준비한 추사박물관의 개관으로 추사의 행로는 반듯한 모양새를 갖추게 되었다. 개관에 박차를 가하게 된 것은 2006년 유명한 추사 연구자였던 후지츠카 치카시(藤塚鄰, 1879~1948) 박사가 수집한 방대한 관련자료가 과천으로 기증된 덕분이었다. 야외전시장과 지하 1층, 지상 2층의 박물관은 복원된 과지초당과 '추사의 학예와 생애', 후지츠카 기증실 등으로 이

추사가 말년에 머문 과지초당

루어져 꼼꼼하게 추사를 알려주고 있다. 추사의 삶이 잘 정리되어 있고, 그의 방대한 학문과 예술세계가 주제별로 나타나 있어서 이곳을 들르지 않으면 추사를 안다 하기 어렵고, 다녀갔다면 추사를 모를 수 없는 곳이다.

추사를 짧은 글로 설명하기란 쉽지 않다. 대신 추사박물관에서 학자로, 혹은 예술가로, 혹은 정치인으로, 다양한 분야에 커다란 족적을 남긴 불세출의 천재 추사의 삶을 따라가다 보면 예술사적 지평을 넘어 조선 후기의 문화와 격동의 역사까지 함께 들어온다. 추사는 고된 삶의 과정 속에서 자기만의 예술세계를 완성하고, 이로써 우리 문화사를 대표하는 위대한 예술가로 거듭나게 된 것이다.

추사박물관에는 일반적인 브로슈어 외에도 다양하게 추사를 알게 하는 장치들이 많았다. 정성이 이만저만이 아닌 『알기 쉬운 추사해설집』이나 『우리는 추사박물관 탐험대』라는 체험집의 미션을 완수하기 위한 활동 공간이 빼곡하게

불후의 명작 〈세한도〉가 보이는 전시실 내부

자리하고 있다. 자칫 지루할 것 같은 시간은 정성들인 기획전이 메워주고 있었다.

어려운 추사를 이해하기 위해 두 가지를 권하고 싶다. 먼저, 제주 유배시절에 제자 이상적에게 그려준 〈세한도〉. 〈세한도〉는 허름한 초가와 소나무·잣나무의 형상과 구도로 풍기는 분위기 외에도 "추운 겨울이 지난 뒤에야 소나무와 측백나무가 시들지 않음을 안다"는 『논어』 구절의 글씨가 주는 의미가 각별하다. 조선 후기 여러 세도가의 손을 거쳐 일본으로 건너갔다 다시 우리나라로 돌아와 마침내 국보가 되는 〈세한도〉의 극적인 유전(流轉) 또한 인상깊다. 〈세한도〉에서 그 여백의 아름다움과 메마른 붓질을 보고 추사의 당시 마음을 느껴보라 권하고 싶다.

다음, 그의 인장과 낙관을 모아 놓은 공간이다. 그 중에서도 홍두(紅豆, 상사(相

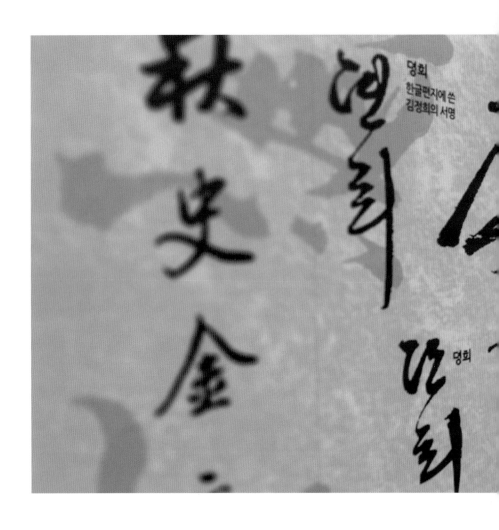

명회
한글편지에 쓴
김정희의 서명

명회

思)의 정을 간직한 사람), 불계공졸(不計工拙, 잘 되고 잘못됨을 따지지 않는다),
언정(言情, 솔직한 마음을 이야기하다)이라는 인장 글씨와 그 의미를 생각해 보
면 추사의 삶과 정신이 뜻깊게 새겨질 것이다.

혼란스럽기 그지없는 추사를 처음부터 차근차근 알게 하는 박물관, 한 위대한
천재의 생애를 다양하게 알려주는 박물관, 다시 찾아와도 새로운 추사를 알려

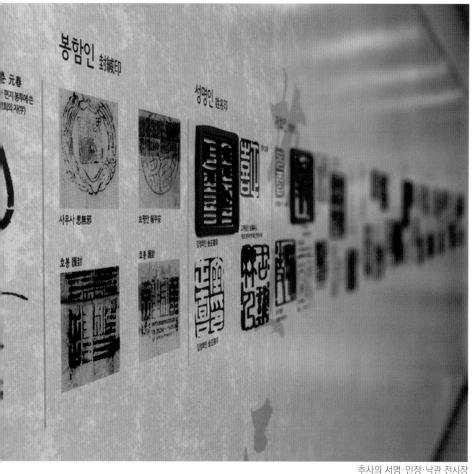

봉함인 封緘印

성명인 姓名印

사무사 思毋邪

호평인 豪平印

호봉 護封

호봉 護封

원춘 元春
편지 봉투에 쓴
최의 재(?)

추사의 서명·인장·낙관 전시장

주는 박물관으로 기억하고 싶은 공간이다. 추사를 떠올릴 수 있는 곳은 전국에 20여 곳. 그곳에서 만나는 소중한 추사의 기억들도 이곳으로 쉼 없이 흘러들 것이므로.

경기 과천 추사박물관
www.chusamuseum.go.kr

추사 글씨의 걸작으로 꼽히는 '불광' 편액 ©김봉규

추사체를 만끽하는 야외전시장
경북 영천 은해사

조계종 제10교구 본사인 영천 은해사(銀海寺)는 아름다운 절이다. 불·보살·나한 등이 마치 '은빛 바다가 춤추는 극락정토'를 이루고 있는 듯해서 '은해'라는 이름이 붙여졌다. '안개가 끼고 구름이 피어날 때면 은빛 바다가 물결치는 듯 보인다'고 해서 그렇게 불렀다는 설도 있다. 신라 헌덕왕 1년(809)에 창건한 이 절은 동화사와 더불어 진산인 팔공산을 대표하는 사찰로 소문나 있다. 하지만 전국에 흩어져 있는 추사 글씨가 이곳에 가장 많이 남아 있다는 사실을 아는 사람은 많지 않은 듯하다. 특히 흥미롭게도 만년에 든 추사의 자취를 이곳에서 만

끽할 수 있다.

1847년의 화재로 소실된 은해사를 중건하면서 혼허 스님은 추사에게 현판 글씨를 부탁했다. 「은해사 중건기」(1862)에 주지 혼허 스님이 "대웅전, 보화루, 불광 세 편액은 모두 추사 김상공(金相公)의 묵묘(墨妙)"라고 밝혀놓았으며, 당시 영천군수 이학래는 「은해사연혁변」(1879)에서 "문의 편액인 은해사, 불당의 대웅전, 종각의 보화루가 모두 추사 김시랑(金侍郞)의 글씨이며 노전의 일로향각(一爐香閣)이란 글씨 또한 추사의 예서"라고 했다. 추사의 글씨가 새겨진 현판을 이고 있는 전각의 내력을 일일이 설명할 수는 없지만, 추사의 글씨가 이곳에서 복각되어 도처에 나눠진 것을 보면 그 원력을 짐작하고도 남음이 있다.

백흥암의 방장실인 진영각의 편액인 '시홀방장'과 6폭 주련에 씌어진 유마경 구절도 추사의 속마음을 보여준다. 특히 주련의 칠언시는 누구나 쉽게 찾아가

보화루 밑에서 본 은해사 전경

추사 글씨의 백흥암 주련 6폭

서 볼 수 있는 글이 아니다. 유마거사가 머무른 방에서 유마(維摩)의 마음으로 그 뜻을 넉넉히 되새긴 추사를 기억했으면 하는 마음으로 소개한다.

사방 열 자 유마의 방을 들여다보니/ 능히 900만 보살을 수용하고/ 3만 2,000개의 법석을/ 모두 들이고도 비좁지 않으며/ 또한 능히 발우에 담긴 밥을 나누어서라도/ 한량없는 많은 대중들을 배불리 먹일 수 있겠도다.

어느 미술사학자가 "무르익을 대로 익어 필획의 변화와 공간배분이 그렇게 절묘할 수 없다"고 평한 그 글씨들이 은해사에 모여 가히 추사 글씨의 야외전시장이라고 할 수 있게 되었다. 특히 은해사의 현판은 추사체 형성과정에서 중요한 기준작이 된다. 당시 추사는 1848년 12월, 9년간의 제주도 귀향살이에서 풀려나 용산 한강변의 마루도 없는 집에서 어려운 시간을 보내고 있었다. 추사

'시홀방장' 편액 ⓒ김봉규

'은해사' 편액 ⓒ김봉규

체는 바로 이때 완성되었다는 것이 정설이기 때문이다. 제주도 귀양길에서 풀려나 이듬해 64세의 나이로 한양에 돌아온 추사는 2여 년 뒤 친구인 영의정 권돈인 사건에 연루돼 함경도 북청으로 다시 유배길에 오른다. 그 짧은 서울 생활 동안 쓴 작품이 은해사에 남아 있는 것이다.

지금 추사의 글씨는 은해사의 그 자리에 달려 있지는 않다. 성보박물관에 주요 유물로 소장되어 현장의 감흥을 느낄 수는 없지만, 그래도 기대감은 결코 식지 않는다. 영천 은해사는 추사의 글씨들을 상세하게 설명하고 스스로 뜻을 새기게 하는 체험활동의 도량(道場)이 될 수 있을 것이다. 이 생각들이 은해사로 발걸음을 옮기게 하는 가장 큰 이유가 되었으면 좋겠다.

경북 영천 은해사
www.eunhae-sa.org

'보화루' 편액 ⓒ김봉규

'일로향각' 편액 ⓒ김봉규

우리들의 밀린 숙제를 위하여

이곳 은해사로 이어진 추사의 행로가 소중하다면, 이번 기회에 우리 곁을 스쳐
간 예인들의 행로를 한번 찾아보았으면 좋겠다. 이중섭의 행로도 찾아보고, 유
치환의 발걸음도 마찬가지다. 한국전쟁 70년, 2·28 60년을 비롯해 기념해야
할 역사가 오늘 우리 곁을 지나고 있다. 우리 땅에서 역사를 만든 많은 이들을
편견 없이 기억하는 것, 바로 우리들의 밀린 숙제이리라.

수석, 묵은 이끼, 연못이 있는 집

대구 인흥마을 '광거당(廣居堂)'의 추사체

광거당 전경

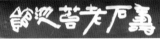

'수석노태지관' 편액

'서복' 편액

달성군 화원읍 인흥리, 남평 문씨 세거지는 문익점의 18세손이 터를 잡은 마을로 참된 전통의 계승이 무엇인가를 조용히 일러주는 명소이다. 이곳에 광거당이 있다. 1834년 건립한 용호재(龍湖齋)를 허물고 1910년 확장 개축한 재실이다. 맹자의 '居天下之廣居(천하의 넓은 곳에서 거처한다)'에서 그 이름을 따왔다. 그 이름에 값하듯 선비 강론의 집합소로, 만 권의 전적을 소장한 도서관으로 근대 이래 많은 학자들의 발길이 끊이지 않았다.

정면 4칸, 측면 5칸의 겹처마 팔작지붕건물로 누마루에는 '수석노태지관(壽石老苔池館, 수석과 묵은 이끼와 연못이 있는 집)'이라 적은 추사의 편액이 있다. 1856년에는 추사, 1874년에는 문익점 18대손이 세상을 뜨고 난 뒤의 건물이니 추사 생전에 글을 받아 두었다가 후대에 현판을 만들어 걸었다는 이야기가 정설인 것 같다. 원본 글씨는 법첩으로 장정하여 따로 보관하고 있다. 광거당의 많은 편액과 주련 중에서 '아회(雅懷)'라는 편액 뒷면의 '서복(書福)'도 추사의 글씨다.

산과 바다, 오직 제자리에서 박물(博物)을 이루는 그곳

경북 봉화 청량산박물관
일본 모지코 간몬해협박물관

미국의 사회학자 레이 올든버그는 인간에게 제1의 장소를 가정, 제2의 장소를 일터나 학교라 한 데 이어 다양한 사람들이 어울리는 곳을 '제3의 장소'라 하면서 그것을 'The Great Good Place'로 규정했다. 나는 그 '제3의 장소'인 '가장 위대한 곳'이 오롯이 박물관이었으면 좋겠다는 생각을 한다. 그의 말처럼 '비공식적 공공생활'이 일어나기 위해 필요한 장소는 '실재를 전달하는 기호(sign)' 같은 존재가 가득하고, 지적 호기심이 다양한 재미로 이어지는 곳일 테니까.

청량산박물관

당당하게 몸 바쳐 일하는 지사(志士) 같은
경북 봉화 청량산박물관

청량산박물관은 안동에서 35번 국도를 타고 북쪽으로 오르다가 청량사 가는
길로 접어들어 청량교를 건너기 전 왼편, 청량산이 눈앞에 환히 펼쳐지는 전망
좋은 곳에 자리해 있다. 청량산이 1982년 도립공원으로, 2007년 국가지정문
화재 명승23호로 지정되긴 했지만 박물관 이름까지 '청량산박물관'이라 하기
에는 많은 고민이 있었으리라 싶은데, 청량산이 봉화군의 전부일지도 모른다
는 생각에 이르고서야 그것이 온당한 명명이라 생각했다.
산악박물관·산촌박물관·산림박물관 등 '산'을 테마로 내건 박물관은 많지만

봉화의 풍속을 보여주는 대형 디오라마

실은 이들이 온전하게 '산'만을 보여주고 들려주는 곳은 아니다. 과연 '산'을 보여준다는 건 어떤 것일까 의문을 품어본다. 산의 가치를 사람들이 새롭게 느끼도록 산이 품은 역사와 문화, 인간의 삶의 모습을 드러내는 것이 아닐까.

청량산박물관은 신라의 문장가 고운 최치원, 재현된 낭공대사탑비로 기억되는 명필 김생, 청량산의 신앙이 된 고려 공민왕, 조선의 문신 신재 주세붕, 대제학 퇴계 이황, 병자호란 삼학사의 한사람인 대쪽 선비 홍익한, 제주목사로 선정을 편 노봉선생, 여류시인 설죽 등 봉화와 인연 깊은 이런 분들의 얘기를 한자리에 되살려 놓았다.

주세붕의 「유청량산록」은 '청량산 유산기'의 전형이라 할 수 있는데, 그는 이 글에서 '비록 작기는 하지만 업신여기지 못할' 산으로 청량산을 꼽았다. 그러면서 봉우리 이름을 개명하여 불가(佛家)의 산을 유가(儒家)의 산으로 바꾸는 데

한눈에 보는 청량산 문화유적 전시장

한몫을 했다. 하지만 무엇보다도 청량산의 이름값을 올려놓은 일등공신으론 단연 퇴계 이황을 꼽는다. 어려서부터 숙부와 형을 따라 청량산을 오가며 수양한 그가 자신의 호를 '청량산인'이라고 정한 거나, 청량산을 '오가산(吾家山)' 즉 집안의 산이라 칭한 걸 보면 청량산에 대한 자긍심과 애정이 각별하기 그지 없었다는 걸 알 수 있다. "아무한테도 청량산의 비경을 쉬 알리고 싶지 않다"던 퇴계선생의 그 마음이 전시장 한편에 시(詩)로 남아 있다.

이곳에서 청량산의 동물·식물·민속 등을 볼 수 있는 것은 물론이고 절기에 맞춘 봉화군민의 삶까지도 맞춤하게 일별할 수 있다. 또한 이 청량산박물관을 중심으로 인물역사관과 농경문화전시관이 한 몸처럼 붙어 있어 청량산과 봉화군이 속속들이 드러나 있다. 그러나 어쩌면 청량산의 '역사와 유물'이 살아있는 곳은 박물관 밖, 사계절이 분명한 청량산 자체일 것이다. 산은 언제든 누구나

삼학사 홍익한의 모형

김생의 글씨로 집자된 봉화태자사 낭공대사탑비
(국립중앙박물관 소장)

청량산박물관 압화전시장

인물역사관

재발견하는 가장 훌륭한 박물관인 셈이다.

자연과 사람이 아름답게 어우러진 봉화 청량산박물관에게는 청량산을 담았다
는 표현보다는 청량산에 박물관이 스몄다는 표현이 어울릴 것 같았다. 무엇하
나 흉내 내지 않고 당당하게 몸 바쳐 일하는 지사(志士)처럼 그곳에 있어줘서
고마웠다.

경북 봉화 청량산박물관
www.bonghwa.go.kr/
open.content/mt

간몬해협박물관

체험형 박물관의 새로운 전형
일본 모지코 간몬해협박물관

간몬해협은 일본 혼슈 서쪽 끝 항구인 시모노세키시(下関市)와 기타큐슈시 모지구(門司区) 사이의 해협이다. '하관(下関)'에서 '관(関)'을 따고 '모지(門司)'에서 '문(門)'을 따 '간몬(関門)'이라는 이름이 취해졌다. 규슈의 관문이자 혼슈로 가는 길목이고, 대한해협과 세토나이카이(瀬戸内海) 두 바다를 잇는 해상 통로로 수많은 콘테이너선과 여객선이 오고간다. 폭이 좁고 유속이 빨라 그만큼 사고가 잦은 곳이기도 하다. 해협을 건너는 간몬교가 있고, 그 바다 아래 해저로 간몬터널이 통한다.

모지코(門司区) 레트로 지구에는 이 해협을 테마로 문을 연 간몬해협박물관이
자리한다. 과거와 미래가 교차하는 역사의 큰 무대였던 간몬해협의 장대한 이
야기를 엮은 체험형 박물관으로 이 지구의 랜드마크가 되어 있다.

2003년 처음에는 생긴 모습을 따서 '해협드라마십'이라는 이름으로 문을 열었
다가 2018년부터 1년 반 동안 10억 엔의 예산을 투입, 리모델링을 하고 체험
거리를 늘려 2019년 9월, 지금의 이름으로 재개관했다. 해협의 역사·자연·문
화를 영상이나 게임을 통해 다양하고 드라마틱하게 체감할 수 있는 시설로 탈
바꿈한 것이다.

박물관은 5층으로 이루어져 있다. 요즘의 고층형 박물관들이 그렇듯이 4층으
로 올라가서 1층으로 내려오며 관람하는 구조다. 2층에서 4층까지 뚫린 '해협
아트리움'은 해협의 역사를 환상적이고 역동적인 영상으로 재현해 특별한 볼

遣明船と門司

Moji and envoy ships to Ming China

전시장 역사회랑(歷史回廊)

정교한 인형으로 지역의 역사를 재현하는 전시작품

거리를 제공한다. 18×9m의 거대한 돛 모양의 스크린은 압도적인 영상미로 해협의 다양한 매력을 전한다. 빛과 음악이 어우러지는 바다생물들의 컬러풀한 판타지를 사실적인 그래픽으로, 국제무역항으로 발전한 모지코의 변천을 역동적인 모노로그로, 1185년의 단노우라 전투(壇の浦戰鬪)와 1863년의 바칸 전쟁(馬関戰爭)을 최첨단 애니메이션으로 보여주는데, 그 영상들이 관람객의 시선을 붙잡는다. 사람들은 나선형 슬로프를 오르면서 30분 간격으로 상영되는 총 8분 길이의 그 영상들을 기꺼이 관람하게 된다.

3층 '해협역사회랑'에서는 혼슈와 규슈가 갈라졌다는 전설에서부터 시대의 변화를 부른 수많은 사건의 무대가 된 이곳의 이야기를 정교한 인형으로 재현하고 있다. 간몬해협에서 일어난 헤이안시대 말기의 단노우라 전투, 시모노세키 전쟁으로 불리는 바칸 전쟁 등도 재현되어 있는데, 어떻게 인형으로 그 장대한

다이쇼시대의 모지코를 재현한 거리풍경.
관람하는 동안 실내조명이 다양한 분위기를 연출한다.

역사의 드라마가 제대로 표현되겠냐고 반문한다면 그건 기우. 일본과 체코 등
의 저명한 인형작가 10명이 화려하고 개성 넘치는 다양한 인형을 통해 해협의
역사와 풍경을 감동으로 되살려냈으니 말이다.

1층은 1900년대 초반 다이쇼(大正)시대를 재현한 '해협레트로' 거리로 꾸며져

모지코 거리를 재현한 풍경 속의 생동감 넘치는 다양한 조형물

있다. 다이쇼시대 국제무역으로 번성했던 모지코의 거리 일부를 실제 크기로
재현한 공간이다. 모지코가 바나나를 맨 처음 수입한 곳임을 알려주는 재미난
풍경, 전차(電車)가 있고 상인들이 흥정하는 거리의 모습 등을 사실적인 단색조
의 조형물로 보여주고 있다. 방문객들은 항구도시 모지코로 시간여행을 떠나
는 길목에 서 있다는 느낌을 받게 될 것 같다.

천장에 달린 수십 개의 조명이 연출하는 푸른 하늘과 노을 그리고 별이 쏟아지
는 밤 풍경 속에 거리의 화가·바나나장수·영화관·선술집 등이 지난날의 흥청
거림을 느끼게 한다. 자연스레 지역의 역사를 알게 하는 전시기법이 돋보인다.
일본 각지에서 복고풍 경관이나 체험으로 경제효과를 올리게 되면서 유사한
시설들이 여기저기 세워지고 있지만, 실내공간에 이처럼 잘 짜놓은 곳은 흔하
지 않을 것 같다. 이 수준이면 오사카의 '생활의 금석관(今昔館)'에 견주어 뒤질
게 없다.

4층의 프롬나드 데크. 배에 올라 밖을 내다보는 느낌이다.

4층의 '프롬나드 데크'에는 호화 여객선의 갑판을 본뜬 라운지 카페가 있고, 5층에는 간몬해협을 바라보며 식사를 할 수 있는 '마리나 테라스 가이토'가 성업 중이다. 해상보안청의 PR코너와 영화자료관인 '영송문고'를 소개하는 코너 등 다양한 방법으로 간몬해협의 매력을 알리면서 연간 70만 명의 관광객을 모으는 데 제몫을 다한다. 욕심을 잔뜩 낸 공간이지만 흠잡을 데가 없었다.

오로지 '간몬해협' 그 하나에 집중하고 있는 곳, 다양한 콘텐츠들을 '기-승-전-해협'으로 모아놓은 곳. 디지털과 아날로그가 망라된 '원 소스 멀티 유즈(OSMU)'의 교과서 같은 박물관을 나서면서 짐짓 '제3의 장소'라 여겼던 모지코 레트로의 가치를 다시 기억했다.

일본 모지코 간몬해협박물관
www.kanmon-
kaikyo-museum.jp

해협 속 생물을 찾는 다이버의 활동을 디지털로 체험하게 하는
'간몬다이버스'

미래를 꿈꾼다면 그야말로 '법고창신'

'무엇이 역사인가'란 질문에 대답하기가 점점 더 어려워지는 시간들이 쌓여간
다. 우리는 역사 속에서 앞서 살았던 사람들에 대한 존중과 지혜를 배우지 않는
가. 문턱 낮은 박물관에서 삶의 문제가 어떻게 해결되었는지 살펴볼 때 그 덕목
은 더 커질 것이다. 보는 이에 따라 수천 개의 얼굴을 가질 수 있는 곳이 박물관
이므로, 나름의 신념을 버리지 않고 과거와 현재를 적절하게 품은 공간의 기운
에 집중해 보자. 그러고는 긴 시간의 흐름을 느끼며 미래를 꿈꿔보자. 그야말로
'법고창신(法古創新)'의 문이 열리리라.

산촌의 희망과 폐교의 추억

경북 영양산촌생활박물관

영양산촌생활박물관 특별전 '영양의 초등학교'

말 그대로 볕이 좋아 고추 명산지가 된 듯한 영양군. 2006년 영양군 입암면 연당리에 들어선 영양산촌생활박물관은 맵싸한 박물관이다. 그야말로 인물·자연·문화유산까지 영양의 삶이 고스란히 담겨 있다. 지난날의 가난을 만나고, 그것을 견딘 끈기를 만나고, 녹록찮은 삶 속에 녹아 있는 산촌의 희망을 만난다.

외씨버선길의 다섯 번째 길 '오일도 시인의 길'이 지나는 이곳에서 기획전 '다시 보고 싶은 영양의 초등학교'를 볼 수 있다. 1908년에 개교한 '사립영흥학교(현 영양초등학교)'부터 1975년 개교한 '용저분교'까지 총 37개의 초등학교가 설립되었지만 현재 6개 초등학교와 분교 하나만 남았다. 빛바랜 사진으로 학교의 추억과 학창의 기억을 달래다 특히 출향민들이 가슴으로 되뇌었을 학교의 교가를 듣게 되면 더욱 가슴이 뭉클해진다. 2018년 12월부터 수비면, 일월면, 영양읍의 초등학교를 전시하는 데 이어 2020년에는 2차로 입암면, 청기면, 석보면의 초등학교를 전시한다. □ 영양산촌생활박물관 www.yyg.go.kr/museum

삶과 죽음을 기억하라, 결코 다르지 않다

충남 아산 온양민속박물관
서울 쉼박물관

삶이나 죽음을 소재로 박물관을 꾸미는 일이 쉽지 않겠지만, 삶과 죽음이 다르지 않다는 생각에 이르면 의외로 술술 풀릴 것 같은 생각이 든다. 또한 사람의 한 생(生)을 생로병사, 관혼상제로 나눠서 생각하면 그 누구라도 삶이 착착 정리되는 느낌이 들 것이다. 삶을 일궈낸 여러 흔적들이 모여 눈부신 희망을 만들고, 그 희망 끝에 매달린 어두운 죽음을 거두면 삶이란 다시 이어지는 것 아닌가.

온양민속박물관

한국인의 삶을 가지런히 보여주는
충남 아산 온양민속박물관

박물관 중에서도 민속박물관은 얼핏 생각하면 수집에서부터 전시나 운영에 이
르기까지 가장 쉬운 듯 여겨지면서도 실제로는 가장 존재감을 드러내기 어려
운 곳이다. 사람의 전 생애와 같이 흘러온 역사와 문화를 죄다 설명해 내야 하
기 때문이다. 한국인의 살림살이를 제대로 보여주는 박물관으로 이름난 그곳,
충남 아산의 점잖은 온양민속박물관을 찾아간다. 익살스런 표정으로 우리를
맞아주는 입구의 문인석이 조선 후기의 특징을 잘 보여주고 있다.
1978년 10월, 박물관법 제정을 앞두고 문을 연 온양민속박물관은 국내 민간

박물관 로비

박물관 설립의 청신호였다. 당시로는 국가시설과 비견되는 큰 규모였다. 아동 도서출판사 계몽사 창업주인 설립자 김원대는 전국의 학생들에게 전통문화의 높은 가치를 직접 확인시켜 주겠다는 뜻을 품고 이 박물관을 세웠다. 건축가 김석철은 권위적인 인상을 주지 않기 위해 외관을 벽돌로 치장했는데, 모두 아산의 흙으로 구운 것들이었다. 벽돌 쌓는 모양이나 색채는 공주 송산리에 있는 무령왕릉 내부를 모티브로 조성했다. 아산 현충사로 수학여행을 온 아이들이 구름같이 몰려들었다.

다른 박물관들이 잘 알면서도 실천하지 못하는 그것을 이 박물관은 실현해 냈다. 건물을 짓고 유물을 들인 게 아니라, 설계할 때부터 확실한 전시 컨셉트를 가지고 임했다. 부엌과 안방, 사랑방과 대청이 이어지는 한옥도, 실제 고기잡이를 하던 배도, 큰 덩치의 나락뒤주도 실감 난다. 오방색을 배경삼아 전시된 유

양반집 안을 들여다보는 느낌을 주는 전시장

물마다 이야깃거리가 넘쳐날 듯 보인다. 주제와 순서를 어지럽히지 않으면서
도 정기적으로 새로운 전시를 선보이는 방식은 '한국인의 삶'을 늘 새롭게 생각
하게 만든다. 설립 40주년을 넘기도록 선대의 뜻을 받들어온 김은경 관장과 많
은 이의 수고로움이 2만 2,000여 점의 유물을 소장한 6만㎡의 박물관 구석구
석에 스며 있다.

제1전시실 '한국인의 삶', 제2전시실 '한국인의 일터'를 거쳐 3전시실에서는
각종 공예, 민속 신앙과 놀이, 학술 등의 '한국문화와 제도'로 생활의 반경을 넓
힌다. 교과서로 배운 「규중칠우쟁론기」를 반진고리·바늘·골무 등과 함께 보니
더욱 실감이 나는 식이다. 드넓은 정원 곳곳에서는 다양한 표정의 석조유물과
장승·연자방아·디딜방아·기름틀까지 만난다. 옛 건축물들도 볼 수 있다. 본관

문인석을 모아둔 야외전시장

장승이 있는 전시장

한국 가면극의 탈을 모아둔 공간

꼭두극에 등장하는 꼭두들

세시풍속을 보여주는 전시장

설립자 김원대 선생의 흉상

과 조화를 이루는 구정아트센터도 놓쳐서는 안 될 볼거리다.

블로그 '온양민속박물관이야기(historylibrary.net)' 방문도 권한다. 여송은 학예사가 젊은 감각으로 온양민속박물관 정보를 깨알같이 조근조근 소개한다. '온양민속박물관이 가야 할 길'에서부터 '유형별 전시관람법 해설'까지 57개의 글을 보면 괜히 기분이 좋아진다. 특히 '줄줄이 유물이야기'는 강한 중독성마저 느껴진다. 온양민속박물관의 설립 이야기를 담은 2009년 영상다큐멘터리 〈하늘에間박물관〉도 대단한 콘텐츠다. 유물을 찾으러 간 박물관 사람들이 "죽은 자와 어떻게 함께 기억을 나눌까 고민하며 물건들을 가져왔다"고 한 얘기를 "유물마다 우리가 만나지 못했던 죽은 자의 이야기가 들어 있다"로 표현해 내고 있었다. "박물관이 지닌 죽음을 향한 태도를 강조하고 싶었다"는 연출자의 말이 머릿속을 떠나지 않았다. 〈하늘에間박물관〉의 감동은 한국인의 삶을 가지런히 보여주

야외공연장에서 열린 국악방송 '국악지식콘서트–동행'

개관42주년 기념포스터

는 박물관 전시장에서 죽음에 닿았다가 다시 삶으로 이어지는 체험으로 그대로 이어졌다.

한국인의 문화유전자를 잘 담아내고 있는 온양민속박물관을 한마디로 알려주기란 어려운 일이다. 유물의 양이나 전시규모 때문은 아니다. 직접 느껴볼 우리의 이야기들로 가득 차 있는 '토종박물관'이다. 고집스럽게 한국인의 삶과 일과 문화를 보여주는 곳이다. 부족하지도 넘치지도 않은 안성맞춤 박물관이다. 이 박물관을 찾을 때마다 매번 전시물이 더 늘어난 것처럼 느껴지는 것은 스스로 한국인임을 잊고 살았다는 것은 슬픈 반증일지도 모른다. 이것이 세대를 넘어 이곳을 다시 찾게 하는 힘일 것이다.

충남 아산 온양민속박물관
www.onyangmuseum.or.kr

권영상의 시 '새'를 형상화한 입구 조형물

삶과 죽음이 둘이 아님을 깨치는 공간
서울 쉼박물관

아버지의 임종을 지키면서 죽음이라는 것이 쉼표인지 마침표인지 궁금했던 적
이 있었다. 죽어서 가는 세상이 있다 하니 피안의 언덕을 바라보며 쉬다 가는
것이 맞을 거란 생각과, 기척 없이 계신 걸로 보아 그야말로 촛불 꺼지듯 가버
렸다는 생각에 마침표와 같을 거란 생각으로 혼란스러웠다.
'아름다운 마침'을 주제로 하는 박물관이 있다. 2007년 10월, 개관기념전 '상
상 너머'를 열면서 탄생한 서울 홍지동의 쉼박물관이다. 죽음은 꽃상여 타고 기
쁘게 쉬러 가는 것이라는 옛사람들의 철학을 그 이름에 담아 '죽음'을 문화로

전시장 내부

보여주는 장례박물관이다. 이곳에서 전통 상여(喪輿)와 혼백을 운반했던 요여(腰輿), 상여를 장식한 각종 꼭두와 용수판 등을 통해 조상들의 죽음에 대한 철학을 엿볼 수 있다. 2006년에 남편을 먼저 보내면서 죽음의 다른 면을 본 박기옥 이사장(85)은 솟아오르는 슬픔 한쪽으로 "아, 이 사람이 편히 쉬는구나" 하는 생각이 들었다고 했다. 그는 1년 뒤, 40년 살아온 자신의 집을 박물관으로 열었다. 박물관은 1층(상여 전시실, 요여 전시실, 꼭두 테마 전시실, 용수판 전시실)과 2층('날짐승 모양의 상여장식' 전시실)으로 구분돼 있다.

상여전시실에는 연꽃·봉황·쌍룡 등 각종 장식이 거의 완벽하게 남아 있는 집 모양의 상여가 자리하고 있다. 경남 진주의 어느 부잣집에서 쓰던 거란다. 이승에서 누리지 못했던 행복과 기쁨을 마지막 가는 길에 누리도록 했다. 육신은 산에 묻히지만 그 혼은 집으로 돌아와 빈소에 머문다는 의미를 담고 있는 작은 가

요여(腰輿) 전시물

마인 요여(腰輿)도 볼 수 있다. 전통가옥 지붕의 용마루처럼 전통 목상여의 상단 앞뒤에 부착하는 반달 모양의 용머리 장식 '용수판(龍首板)'은 예술품에 버금간다. 이 박물관서만 볼 수 있는 귀한 유물로는 윤열수 한국박물관협회장이 기증한 부고장 뭉치가 있다. 30여 년간 모은 부고장에는 망자들의 발병 사유 및 사망 날짜들이 기록되어 있다. 근대의 부고방식을 보여주는 귀한 자료가 아닐 수 없다.

장례를 주제로 한 임권택 감독의 영화 〈축제〉가 말해주듯, 죽음이라는 것이 그저 엄숙하기만 한 것은 아니다. 산 자와 죽은 자 모두를 위로하는 '축제'라는 생각으로, 2대 관장을 맡은 설립자의 딸 남은정 작가와 함께 지금까지 기획해 온 작품전이나 퍼포먼스도 예사롭지 않았고, 빠짐없이 각광을 받았다.

사람들은 일상에서 죽음을 연상시키는 것들을 피하지만 박물관에서 죽음을 사

상여(喪輿) 전시물

한국박물관협회 윤열수 회장이 30여년 모은 부고(訃告) 기증물

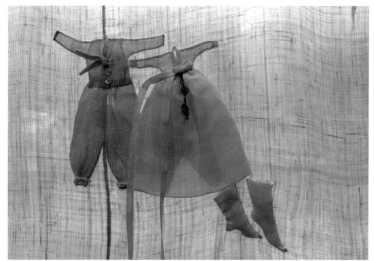

특별전에서 선보인 모시한복 미니어처

전통 목각인형 소장품

꼭두들의 행렬을 보여주는 '화려한 외출'

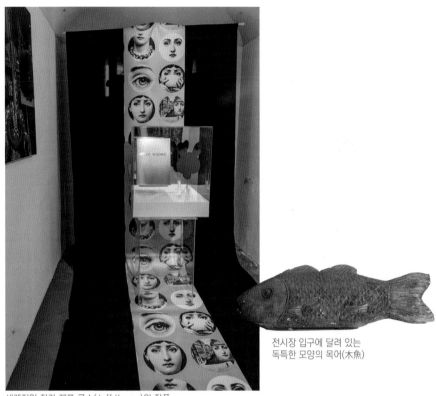

세계적인 작가 제프 쿤스(Jeff Koons)의 작품

전시장 입구에 달려 있는
독특한 모양의 목어(木魚)

유하게 되는 방식은 무엇일까. 삶과 죽음이 둘이 아님을 깨치는 공간. 죽음의
두려움에 사로잡힌 사람을 치유하는 공간. 그곳에서 '죽음은 쉼'이라는 믿음이
우리의 삶을 더욱 강한 에너지로 채워준다고 믿게 되었다.

서울 쉼박물관
www.shuim.org

쉼박물관의 도록들

삶과 죽음… 역사를 기억한다는 의미

- 오늘은 나에게 내일은 너에게

대구 남산동 천주교 성직자 묘지 입구의 라틴어 글귀를 생각해 본다. 삶과 죽음
을 이야기한다는 것은 역사를 기억한다는 의미와 서로 통한다. 살 때까지 살 것
인가, 죽을 때까지 살 것인가. 삶의 끝에 죽음이 있지만 죽음은 끝이 아니다. 죽
음 앞의 시간들을 보여주는 박물관. 그 시간들은 한국인의 정신세계나 삶에 어
떤 느낌을 불어넣었을까. 한 인간의 생은 죽음 뒤에 남는 것으로만 이야기되지
않는다. 죽음은 우리에게 아무것도 아니다. 우리가 존재할 때는 죽음이 존재하
지 않으며, 죽음이 존재할 때 우리는 존재하지 않기 때문이다. 우리는 삶과 죽
음을 다르게 보지 않았다. 어울려 있는 현장을 본 것이다. 온양에서 그리고 서
울에서.

구정아트센터

예술의 공존을 보여주는 걸작 건축물

독특한 외양의 구정아트센터

온양민속박물관 본관을 나와 왼편으로 휘어진 길 끝에서 무심히
만나게 되는 건축물이 하나 있다. 유독 한국 성을 고집해 온 재일
교포 건축가 이타미 준(한국명 유동룡, 1937~2011)이 한국에 설
계한 최초의 건축물 구정아트센터가 그것이다. 설립자의 호 '구정
(龜亭)'에서 이름을 따왔다.

경계인으로 살아왔지만 이렇게 토속적일 수 있을까. 1982년 설계
를 마치고 2년 뒤 완공된 이 건물은 그만의 치열한 열정과 고민이
묻어 있다. 지붕은 거북선 모양에다 전통 기와를 이고, 아산의 돌
과 흙으로 만든 벽돌로 벽을 지어 충청도의 아름다운 민가를 표현
한 '흙으로 빚은 조형물'이다. "땅과의 조화가 돋보인다"는 평이 이
어졌다.

2014년에는 원래의 민예관을 리모델링해서 복합공간의 기능도 갖
게 되었다. 건물 앞 담백한 풍경의 야외공연장과도 어울려 아트센
터의 격을 훨씬 높여주는 듯하다. 박물관이 자칫 편견 속에 빠질
수 있는 여러 기우를 말끔히 씻어주는 구정아트센터의 존재감은
뜻밖에 발견한 '온고지신'의 메시지가 아닐까.

박물관에서 무릎을 치다

1판 1쇄 발행 : 2020년 6월 1일
1판 2쇄 발행 : 2020년 9월 10일

지은이 : 김정학
펴낸이 : 임현경

사진 : 김선국
책임편집 : 홍민석 **본문디자인** : 황창혁 **유튜브 편집** : 김선민

펴낸곳 곰곰나루
출판등록 제2019-000052호 (2019년 9월 24일)
주소 서울특별시 양천구 목동서로 221 굿모닝탑 201동 605호(목동)
전화 02-2649-0609 **팩스** 02-798-1131
전자우편 merdian6304@naver.com

책값 20,000원

ISBN 979-11-968502-5-8

이 도서의 국립중앙도서관 출판예정도서목록(CIP)은 서지정보
유통지원시스템 홈페이지(http://seoji.nl.go.kr)와 국가자료종
합목록 구축시스템(http://kolis-net.nl.go.kr)에서 이용하실 수
있습니다. (CIP제어번호 : CIP2020019092)